U0945299

1921-2021
厦门大学
XIAMEN UNIVERSITY

厦门大学百年校庆系列出版物

百年院系史系列

厦门大学
建筑与土木工程学院院史

主编　王绍森

厦门大学出版社
XIAMEN UNIVERSITY PRESS
国家一级出版社
全国百佳图书出版单位

图书在版编目(CIP)数据

厦门大学建筑与土木工程学院院史/王绍森主编.—厦门:厦门大学出版社,2021.3

(百年院系史系列)

ISBN 978-7-5615-8110-0

Ⅰ.①厦…　Ⅱ.①王…　Ⅲ.①厦门大学建筑与土木工程学院—校史　Ⅳ.①G649.285.73

中国版本图书馆 CIP 数据核字(2021)第 045375 号

出 版 人 郑文礼
责任编辑 李峰伟
封面设计 李嘉彬
技术编辑 许克华

出版发行 厦门大学出版社
社　　址 厦门市软件园二期望海路 39 号
邮政编码 361008
总　　机 0592-2181111　0592-2181406(传真)
营销中心 0592-2184458　0592-2181365
网　　址 http://www.xmupress.com
邮　　箱 xmup@xmupress.com
印　　刷 厦门集大印刷厂

开本 720 mm×1 000 mm　1/16
印张 14.75
插页 2
字数 258 千字
版次 2021 年 3 月第 1 版
印次 2021 年 3 月第 1 次印刷
定价 52.00 元

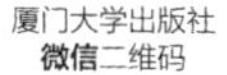
厦门大学出版社
微信二维码

厦门大学出版社
微博二维码

本书编委会

- 主　编：王绍森
- 副主编：王瑛慧
- 编　委：（按姓氏笔画排序）

　　王东东　王荣华　文超祥

　　李立新　黄俊清

- 执　笔：王荣华

总　序

厦门大学　党委书记　张　彦
校　　长　张　荣

2021年4月6日，厦门大学百年华诞。百载风雨，十秩辉煌，这是厦门大学发展的里程碑，继往开来的新起点。全校师生员工和海内外校友满怀深情地期盼这一荣耀时刻的到来。

为迎接百年校庆，学校在三年前就启动了“百年校庆系列出版工程”的筹备工作，专门成立“厦门大学百年校庆系列出版物编委会”，加强领导，统一部署。各院系、部门通力合作，众多专家学者和相关单位的工作人员全身心地参与到这项工作之中。同志们满怀高度的责任感和紧迫感，以“提升质量，确保进度，打造精品”为目标，争分夺秒，全力以赴，使这项出版工程得以快速顺利地进行。在这个重要的历史时刻，总结厦大百年奋斗历史，阐扬百年厦大“四种精神”，抒写厦大为伟大祖国所做出的突出贡献，激发厦大人的自豪感和使命感，无疑是献给百岁厦大最好的生日礼物。

“百年校庆系列出版工程”包括组织编撰百年校史、百年组织机构史、百年院系史、百年精神文化、百年学术论著选刊、校史资料与学生名录……有多个系列近150种图书将与广大读者见面。从图书规模、涉及领域、参编人员等角度看，此项出版工程极为浩大。这些出版物的问世，将为学校留下大量珍贵的历史资料，为学校深入开展校史教育提供丰富生动的素材，也将为弘扬厦门大学“自强不息，止于至善”校训精神注入时代的新鲜血液，帮助人们透过“中国最美大学校园”

的山海空间和历史回响，更加清晰地理解厦门大学在中国发展进程中发挥的独特作用、扮演的重要角色，领略“南方之强”的文化与精神魅力。

百年校庆系列出版物将多方呈现百年厦大的精彩历史画卷。这些凝聚全校师生员工心血的出版物，让我们感受到厦大人弦歌不辍的精神风貌。图文并茂的《厦门大学百年校史》，穿越历史长廊，带领我们聆听厦大不平凡百年岁月的历史足音。《为吾国放一异彩——厦门大学与伟大祖国》浓墨重彩地记述厦门大学与全国34个省级行政区以及福建省九市一区一县血浓于水的校地情缘，从中可以读出厦门大学在中华民族伟大复兴征程中留下的深深烙印。参与面最广的“厦门大学百年院系史系列”、《厦门大学百年组织机构史》，共有30多个学院和直属单位参与编写，通过对厦门大学各学院和组织机构发展脉络、演变轨迹的细致梳理，深入介绍厦门大学的党建工作、学科建设、人才培养、组织管理、社会服务等方面的发展历程，展示办学成就，彰显办学特色。《厦门大学校史资料选编（1992—2017）》和《南强之星——厦门大学学生名录（2010—2019）》，连同已经出版的同类史料，将较完整、翔实地展现学校发展轨迹，记录下每位厦大学子的荣耀。“厦门大学百年精神文化系列”涵盖人物传记和校园风采两大主题，其中《陈嘉庚传》在搜集大量史料的基础上，以时代精神和崭新视角，生动展现了校主陈嘉庚先生的丰功伟绩。此次推出《林文庆传》《萨本栋传》《汪德耀传》《王亚南传》四部厦门大学老校长传记，是对他们为厦大发展所做出的突出贡献的深切缅怀。厦大校友、红军会计制度创始人、中国共产党金融事业奠基人之一高捷成的传记《我的祖父高捷成》，则是首次全面地介绍这位为中国人民解放事业做出杰出贡献的烈士的事迹。新版《陈景润传》，把这位“最美奋斗者”、“感动中国人物”、令厦大人骄傲的杰出校友、世界著名数学家不平凡的人生再次展现在我们眼前。抒写校园风采的《厦门大学百年建筑》、《厦门大学餐饮百年》、《建南大舞台》、《芙蓉园里尽芳菲》、《我的厦大老师》（百年华诞纪念专辑）、《创新创业厦大人2》、

《志愿之光》、《让建南钟声传响大山深处》、《我的厦大范儿》以及潘维廉的《我在厦大三十年》等，都从不同的角度，引领我们去品读厦门大学的真正内涵，感受厦门大学浓郁的人文精神和科学精神。

此次出版的“厦门大学百年学术论著选刊”，由专家学者精选，重刊一批厦大已故著名学者在校工作期间完成的、具有重要价值的学术论著（包括讲义、未刊印的论著稿本等），目的在于反映和宣传厦门大学百年来的学术成就和贡献，挖掘百年来厦门大学丰厚的历史积淀和传统资源，展示厦门大学的学术底蕴，重建“厦大学派”，为学校“双一流”建设提供学术传统的支撑。学校将把这项工作列入长期规划，在百年校庆时出版第一辑共40种，今后还将陆续出版。

“自强！自强！学海何洋洋！”100年前，陈嘉庚先生于民族危难之际，抱着“教育为立国之本，兴学乃国民天职”的信念，创办了厦门大学这所中国历史上第一所由华侨独资建设的大学。100年来，厦大人秉承“研究高深学术，养成专门人才，阐扬世界文化”的办学宗旨，在实现中华民族伟大复兴的征程上书写自己的精彩篇章。我们相信，当百年校庆的欢庆浪潮归于平静时，这些出版物将会是一串串熠熠生辉的耀眼珍珠，成为记录厦门大学百年奋斗之旅的永恒坐标，成为流淌在人们心中的美好记忆，并将不断激励我们不忘初心继承传统，牢记使命乘风破浪，向着中国特色世界一流大学目标奋勇前行！

张彦　张荣

2020年12月

厦门大学百年院系发展概述

朱水涌

100年在历史长河中只是短暂的一瞬，但对于一所中国现代大学以及这所大学的学院科系来说，则意味着经历过极不平凡的历程。百年学府沧桑、十秩院系辉煌，为迎接厦门大学建校百年华诞，学校决定编撰出版“厦门大学百年院系史”系列，梳理淬炼院系的建设发展历程，以史为鉴，彰往考来，将院系的昨天、今天与明天联系在一起，发扬踔厉，这是一件极富建设意义与厦大特色的历史性工程。

一

20世纪初的中国，正如校主陈嘉庚所言：“吾国今处在列强肘腋之下，成败存亡千钧一发。”就在这千钧一发之际，为救国而创办大学成为一道时代的特别风景。马相伯因“慨自清廷外交凌智”而创办震旦学院（复旦前身）①，南开大学的创办者因国家的“贫弱”是因为“教育未能发展”而创立南开②，唐文治执掌交通大学砥砺第一等人才，目的就是“宏济艰难，救我中国”③。厦门大学校主陈嘉庚则在《筹办厦门大学演讲词》中直截了当地指出：“今日国势危如累卵，所赖以维持者，惟此方兴之教育与未死之民心耳。”出自民族救亡而诞生的中国现代大学，在她向欧美学习现代大学的办学时，一开始便融入了民族救

① 《复旦大学百年志》编纂委员会：《复旦大学百年志（1905—2005）》，复旦大学出版社2005年版，第9页。

② 《南开大学校史资料选》，南开大学出版社1989年版，第12页。

③ 唐文治：《上海交通大学第三十届毕业典礼训词》，载《茹经堂文集》三编卷一。

亡图存的历史内涵和办学志向，民族振兴的需求与国家最需要的人才，成了中国现代大学初创时学科与专业设置的重要出发点，呈现出中国现代大学鲜明的中国特色。这里，当年的创办者与一校之长的救国思想与办学理念产生了重要作用。

厦门大学创校时期选择的教学体制沿用了近代英国大学学制，但在科系组成与学科设置上却没有完全按英国大学的体制与模式，与民国时期的各大学一样，当时并没有很强的专业观念，而依照时代与国家的急需人才设立科系。厦大建校初期，科系成型时的学科最初形态是文科设8个系，理科设6个系，工科归理科，其中的教育、工、商、新闻，都是那个危机时代国家急需人才的学科。

1930年2月，在通过国民政府大学院立案后两年，厦门大学遵照国民政府教育部令，将“科”改为学院，设5个学院21个学系。至此，经过近10年的建设，厦门大学具备了较为完备的院系体制，开始以院系这样一种与世界接轨的基本单元建构教学科研体制，开展“研究高深学术，培养专门人才，阐扬世界文化”，厦大的多学科性业已形成。

1929年，世界经济危机爆发，陈嘉庚公司每况愈下，1934年1月公司被迫收盘。这期间虽然有厦大教职员的半年捐薪活动，有陈嘉庚的“出卖大厦办厦大”惊世壮举，厦门大学的办学经费还是难以为继。在此情况下，厦大及时调整院系结构，以系科合并的方式突围经济上的窘迫，推进学科的艰辛运转。至私立时期的最后几年，全校5个学院压缩成文学、理学、法商3个学院，21个系经合并与撤销浓缩为9个学系。尽管这种合并是无奈之举，从数字上看办学规模是缩小了，但这次的学科浓缩却无意中为学科的整合、为打破欧美当年系科划分过细的弊端打下了基础。

建校时期厦门大学的院系建设与学科发展，按国民政府大学院调查专家的看法，在全国高校中有“方之他处，有过无不及”[①]的优势。这一时期，林文庆主持制定的《厦门大学校旨》(以下简称《校旨》)明确指出：“本大学之主要目的，在博集东西各国之学术及其精神，以研究一切现象之底蕴与功用，同时并阐发中国固有学艺之美质，使之融会贯通，成为一种最新最完善之文化。”《校旨》从大学文化的建构出发，鲜明地提出厦门大学办学的理念与目标。与这个理念和目标相联系，厦大初期的院系与学科、专业的建设，有如下几个特点：

---

① 《厦门大学十周年纪念刊》(1931年4月)，载《厦门大学校史》第1卷，厦门大学出版社1987年版，第94页。

其一是注重“功用”,“切于实用”,培养国家、民族稀缺人才。《校旨》提出教学“以切于实用,造就应用科学人才为前提”。建校初期,教育学占有举足轻重的位置,原因如《校旨》所言:“我国目下师资及教育专门人才甚为缺乏,故对于教育系特加注意,以期养成良好师资及教育界领袖,因以提高一般教育之程度。”[①]陈嘉庚的信念是“国家之富强,全在乎国民,国民之发展,全在乎教育”[②],他办厦门大学一个重要的担当就是要纠正当年教育的“偏估”与“颓风”,解决中国教育缺乏新知识新思想师资的问题,以免“国粹日稀,精神日减,必至无救药之惨痛”。厦大商学与工学的较早创设与运行,也都体现了这样一种办学理念。这个特点,奠定了厦门大学从国家需要建设专业发展学科的厚重底色。

其二是博集东西精神、阐发中国学艺之美质、“研究高深学术”的学科特色。厦大成立时,《厦门大学组织大纲》明确表明厦大的三大任务之一是研究高深学术。林文庆在《校旨》中具体指出要建设科学研究机关,厦大要“成为我国南部之科学中心点”[③];院系体制形成后,厦大各学院在其“学院学则”的第一条“宗旨”中都一致性地提出“以培养专门人才,研究高深学术为宗旨”[④],这表明厦大建校初期就具备浓厚的学科建设意识。而且,在西学东渐、中西文化激烈论争与冲突的情势下,厦大独到地提出“阐发中国固有学艺之美质”和“首重国文”的主张,这也就形成了厦门大学学科建设中注重本土资源与文化精神的中国特色。文科的国学研究与理科的生物学研究是这方面的范例。1926年创建的国学研究院被认为是“大有北大南移之势”,是当年全国国学研究的中心之一。其影响不仅在于大师云集、研究规划与实际成果,更重要的是厦大国学研究体现了五四时期“重估价值”的精神,它的学科新范畴,研究问题的新方法、新史料和新观点,代表了五四之后国学研究的新趋势。植物系与动物系同样引起全国乃至世界的关注,尤其是结合本土地理优势的海洋生物研究更是锋芒毕露。1923年厦大美籍教授莱德的论文《厦门大学附近之文昌鱼渔业》在国际顶尖科学期刊 *Science* 上发表,成为中国高校最早在 *Science* 上发表的研究成果之一,引起国际学术界瞩目。鉴于海洋生物学科的成果,中央研究院及太平洋科学学会,特别委托厦门大学建立海洋生物研究室。与此同时,

---

① 《厦门大学校史》第1卷,第26页。

② 陈嘉庚:《筹办厦门大学演讲词》,载《新国民日报》1920年11月30日。

③ 《林文庆校长报告》,载《厦门大学民国十年度报告书》,1922年。

④ 《厦门大学一览》(1935—1938年度),载《厦大校史资料》第1辑,厦门大学出版社1987年版,第66页。

厦大的动植物标本的数量与丰富多样在全国领先。

其三是开放性的院系学科构成与人才培养学制。在中国高等教育滥觞时期，中国的大学虽然学的是西方体制，但中国文化原本就缺乏精确细致的分类，对事物不那么条分缕析，而且大学刚刚兴起，很多学科、专业更是因国家需要而设置而存在，大学的一切都在尝试与践行当中，这也就带来了中国现代大学院系学科设置上的开放性。厦大私立时期四次较大的院系变动与学科设置，就可以清楚地看到这个现象。院系设置与专业、学科结构的不断变动，实际上对打破学科体制的僵化是有驱动力的，它为以后厦大百年发展中院系所面临的不断调整、不断改革奠定基础。

在人才培养上，厦门大学“虽为厦门大学，实为世界之大学”①，一开始就招收大量的东南亚华侨子女和朝鲜国学生，颇具开放性。这所地处东南沿海一隅的大学却坚持要“使本校之学生虽足不出国外，而其所受之教育，能与世界各大学相颉颃”②，除不惜重金聘任国内外特别是世界名牌大学经历的名师学者外，在教学体制上，厦门大学沿用英国近代大学学制，本科修业4年，以修满150学分(绩点)并通过毕业论文及有关实验为毕业，各院各系实行课程交叉的修课计划，注重了知识结构的多元化。打破课程的专业界限，这样一种强调博集东西学术，打通院系界限学科界限的修学制度，实际上更吻合现代大学的人才培养规律。

厦门大学建校初期16年间，其“切于实用”的人才培养方针，“研究高深学术”的学科特色，院系学科结构与教学体制的开放性，不仅是时代的产物，也是百年厦门大学的宝贵珍藏，在百年厦大的院系建设发展中体现了一所名校的潜在发展实力，不仅为厦大创建“世界之大学”目标打下了坚实的基础，而且在学科的发展上为一流学科的发展奠定了先天优势。

二

1937年7月1日，私立厦门大学正式改为国立厦门大学。7月6日，国民政府行政院任命清华大学萨本栋教授出任厦门大学校长。7月7日，抗战全面爆发。12月，日寇兵临厦门，厦门大学内迁山城长汀，坚持在烽火硝烟中办

① 《林文庆先生在中华俱乐部之演说词》，载《南洋商报》1925年2月2日。

② 《林文庆校长报告》，载《厦门大学民国十年度报告书》，1922年。

学，“单独担负铁路线（粤汉铁路）以东国立最高学府的全付责任”[①]，成为加尔各答以东最逼近战场的学府，肩起中国高等教育的东南半壁江山。由此开始到1949年新中国成立，这是厦门大学的国立时期。

抗战时期，在极其艰难困苦的条件下，萨本栋校长抱着“在艰危中”“不负嘉庚先生毁家兴学及政府将厦大收归国立之至意”的意志[②]，以自己的未雨绸缪和身体力行，推进拓展厦门大学的院系与学科建设，赢得了战争中“国魂所托的事业”[③]的重大发展。

作为坚守在战区的最高国立学府，在战争中自觉担负起为战后的祖国建设培养与储备人才的使命，这成了厦大院系与学科建设的出发点与目的地。萨本栋说：“吾人应知此次战争，关系数千年固有文化之持续，将来永固国基之奠定者至巨。”[④]置身残酷的战争中，厦大想的是战后建设所需的大量“永固国基”的人才。据当年的新闻媒体报道，厦大筹备设立水产研究室，是为了“战后东南沿海水产研究之总框”[⑤]；增设外国文学系与法律系司法组，“以应目前全面反攻及将来建国之需要”[⑥]。

这种穿透硝烟的未雨绸缪，更体现在厦门大学工科院系的创设与发展上。厦大工科开始于1922年，在1930年科改系后，工科已悄然消失。萨本栋来自清华大学，自己又是著名的电机专家，他对工科建设既熟悉又有主见，从战后建国的急需出发，工科人才显然要比其他学科人才需求更迫切、需求量更大，萨本栋决定补齐厦大学科上的工科短板。

1938年7月，厦大创设土木工程系，到1941年秋季，萨本栋校长就很自豪地说：“现在土木系设备，固尚未达到我们理想的境地，但教师则已充实到可以与国内任何大学相颉颃。”[⑦]这个科系，为战后中国大规模的基础设施建设培养了大批人才。1940年秋季，在土木工程大力扩展的同时，萨本栋又创设机电工程系。机电工程系创立后，理学院扩充为理工学院。1944年4月，创建航空工程系，厦大成为全国最早开办航空专业本科教育的少数高校之一，培

---

① 《萨本栋开学词》，载《厦大通讯》第3卷第10期，1941年10月25日。

② 萨本栋：《勖勉同学词》，载《唯力》旬刊第3期，1938年4月3日。

③ 萨本栋：《勖勉同学词》，载《唯力》旬刊第3期，1938年4月3日。

④ 萨本栋：《“七七”二周年纪念与节约运动》，载《唯力》第2卷第7/8期合刊，1938年7月7日。

⑤ 《母校设立水产研究室》，载《厦大通讯》第6卷第1期，1944年3月31日，

⑥ 《厦大增设外语、司法等系组》，载南平《东南日报》1945年8月4日。

⑦ 《萨本栋开学词》，载《厦大通讯》第3卷第10期，1941年10月5日。

养出像中国工程院院士张启先这样一批优秀的中国早期航天航空专家。

1945年12月厦大复员厦门，汪德耀已接掌厦大。这期间院系与科建设的最大事件是1946年夏季海洋学系与中国海洋研究所的创办。海洋学科创立于天时地利人和之中：抗战胜利后海洋与海权重要性凸显，复员厦门后的东南沿海地理环境优势，校主陈嘉庚“力挽海权，培育专才”的誓言与著名海洋学家唐世凤博士的加盟，共同促成了中国第一个海洋学系诞生，同时，厦大与中英文教育基金会合办的中国第一个海洋研究所也在厦大成立，厦大的海洋观测站也获准设立。由此，厦门大学在全国率先开始了“谋中国海洋科学事业之发展”“研究与教育并重”的造就培养海洋人才的行动。

国立时期文科的发展以复办法学为主要标志。厦大的法学，最早创立于1926年6月，1937年改归国立后，法律系奉命撤销，法学学科停办。到1940年，由于国民政府教育部不同意建立福建大学，并将已经开学的福建大学法学院并入厦门大学，这样，战火中的厦大法学学科就在接收福建大学法学院的契机中复办起来。

在人才培养理念与培养模式上，萨本栋取的是美国芝加哥大学的通识教育思想和从清华带过来的通识教育理念，遵循梅贻琦的“通识为本，专识为末”[①]教育思想制定校制、设置课程，实行强化通识基础与打通学科界限的修学制度，实施教授全力上课制度。他要求即使在战争中，也要坚持“未到‘最后一课’的时候，应加紧研究学术与培养技能”[②]，他提出，“现在不是个推诿责任的时代”，“需一身肩负二人之重任，一日急二日之操作”[③]，以不辜负陈嘉庚先生的期待，不辜负国家事业所托。比如新成立的机电工程系系主任李家炘教授，据统计最高一学期每周上课达81课时，每周最高达1725人时。这时期的厦大学生则“把战区当课堂，把笔杆当枪杆”，越是艰难越是坚韧学习。在1940年与1941年国民政府教育部举行的两次专科以上学生学业竞赛中，获奖总数与获奖系数的比例评定，均名列全国第一。

从抗战全面爆发到复员厦门，在极其艰危的战争环境与艰苦的复员中，厦门大学的院系建设不仅没有停顿，而且还得以有力扩充，院系规模与学科发展都有历史性的突破，多科性大学已然向综合性大学迈进，也因此开始确立厦门

---

① 梅贻琦：《大学一解》，载《清华学报》第13卷第1期，1941年4月。

② 萨本栋：《勗勉同学词》，载《唯力》旬刊第3期，1938年4月3日。

③ 萨本栋：《“七七”二周年纪念与节约运动》，载《唯力》第2卷第7/8期合刊，1939年7月7日。

大学位居全国高等教育前列的位置。更重要的是这一时期积淀下来的办学精神，那种由战争烽火淬炼出来的自强、坚韧与艰危中担当重负的使命感，为厦门大学的发展积累了一份极宝贵的精神财富。

三

1949年10月1日，中华人民共和国成立，人民当家做主的时代开始。10月17日，厦门解放，厦门大学迎来了办学史上的新纪元。1949年10月21日，中共厦门市委在厦大建立中共厦门大学支部。不久，在原有基础上设立中共厦门大学党组。1950年5月，中华人民共和国政务院任命著名经济学家、曾任厦门大学法学院院长的王亚南为厦门大学校长。

1952年6月，中共福建省委派15名党的干部到厦大，7月，中共福建省委决定程璐任中共厦大临时党委书记，党在学校的领导得以体现与加强；1953年1月，厦门大学成立校务委员会，标志着学校由“校长负责制”开始向“党委领导下的校长负责制”过渡。这一年，符合条件的科系先后成立党支部。1955年1月召开中共厦门大学第一次代表大会，成立中共厦门大学党委会，之后，各系先后建立系党总支，直到1999年校院二级管理体制改革时，党总支、党支部为厦门大学各科系的最直接领导，保证科系建设与学科发展的正确方向和健康发展。

新中国成立后，在东西方意识形态冷战的背景下，中国大学放弃对西方欧美的学习，而强调向“苏联老大哥”学习。1952年，中央提出高等教育“发展专门学院和专科学校，整顿和加强综合大学”的方针，并学习苏联高校模式，进行大规模的院系调整。从1952年到1955年底，厦门大学在调整中从多学科大学向文理科综合大学转变，被确定为华东四所综合性大学之一。

1952年8月，一年前刚刚由省立并入厦大并改名的厦大农学院奉命与福州大学农学院合并为福建农学院；9月，厦大海洋系一分为三，厦大航海专修科与集美水产商船专科合并成立福建航海专科学校，之后再分别归入大连海运学院与上海海运学院；海洋系理化组并入山东大学，与山东大学海洋学科建立海洋系，发展为山东海洋学院，即后来的青岛海洋大学；为保存厦大发展海洋学科的力量，厦大成立海洋生物研究室，将海洋生物组的骨干教师与标本留在厦大，聘郑重教授为研究室主任。1953年7月，厦大又奉命将工学院的土木、电机、机械3个系及土木专修科调整到浙江大学、南京工学院和华东水利学院，将企业管理并入上海财经学院，法学院归入华东政法学院。1954年7

月，厦大教育系调整到福建师范学院；8月俄语专修科部分师生并入南京大学。

在此调整中，厦门大学文理科也有所壮大。1951年私立福建学院的政治、法律、经济归并到厦大。1952年福州大学财经学院的会计、贸易、财金、统计、企业管理5个系并入厦大财经学院，并增加贸易专修科。1953年，福州大学文理两院的中文、外文、历史、数学、物理化学、生物学6个系也奉命并入厦门大学。1955年，厦大奉命停办统计、会计、财金、贸易4个系，改在经济系之下设政治经济学、统计学、会计学、货币与信贷、贸易5个专业。

从历史现场上看，大规模院系调整是新中国改造旧教育制度、建立新教育体制的战略措施，这是中华人民共和国教育史上一个重要事件。这场调整既为厦大文理科综合大学模式打下基础，也一定程度上削弱了厦大综合性大学的实力，厦大一些经营多年而形成厦大特色的院系、学科被调整出去，充实其他高校乃至成为新学校成立的基础。厦大在为国家做出贡献的同时，也造成基础学科与应用学科的相互分离，综合性大学学科交叉渗透的优势也受到一定的损失。

院系调整后，苏联高等教育的专业制度也随之取代了中国大学的院系体制。新中国成立之前的大学一般只设学科不设专业，学科业务范围要比专业宽阔，但专业有利于针对性培养专门人才，培养目标十分专一。为贯彻专业人才培养目的，厦门大学院级建制最后被正式撤销，实行以系为教学单位，系内设若干专业，形成按专业培养人才的办学模式。到1958年，全校设8个系16个专业，并设16个专门化科目。

这一时期，教育部确定厦门大学发展方向为“面向东南亚华侨，面向海洋”，要求各专业各教研组加强与南洋、台湾、海洋及本地特点有关的各种问题研究。王亚南校长对厦大的综合性大学也提出新的目标定位，他说：“今大我们所在的学校是个综合性大学，不是工业大学、农业大学，而是综合性大学，不同地方是培养目标不同。工农科培养工农业所需技术人才，师范培养教师，综合性大学主要是培养研究人员，科学研究人员。”他对学生说：“你们将来就是要培养成为科学家。”[①]这样的办学方向与文理综合性大学的形成，明确指明科学研究是厦大办学的重要任务，学科建设水平成为办学水平的重要表现。

由此，在那个以专业为主的发展时期，厦门大学依然将研究机构建设与学科建设发展当成院系建设的重要内容。

---

① 王亚南：《怎样做一个大学生》，录自厦门大学校办档案56-11。

王亚南校长抵达厦大后，首先恢复和建立研究机构，成立了经济研究所、化学研究所和南洋研究馆(1963 年升格为教育部部属研究所)、人类博物馆，文科理科各学院普遍成立研究室。这时福建研究院社会科学研究所也奉命归并厦大，充实了厦大文科主要是经济学科的研究实力。

这一时期，经济学科开始成为全国的翘楚学科。从 1946 年王亚南的《中国经济原论》研究被誉为“中国式的《资本论》”开始，厦门大学“以中国人的资格研究政治经济学”的独特学派开始形成。1950 年王亚南执掌厦大后，建立厦大财经学院，创办全国第一个经济研究所，这是当年全国高校最新经济学教学科研建制。院系调整中财经学院被撤销。1958 年 9 月，中国经济问题研究所成立，并创办中国第一家全国性经济学刊物《中国经济问题》。这个时期，经济学各学科研究全面展开，在《资本论》研究、社会主义所有制研究、会计、统计、财政学方面的研究，成绩斐然，为全国瞩目，奠定了经济学迈向一流学科的坚实基础。

化学为厦大理科中最早的学科之一，展示着一流学科的形象。1939 年，傅鹰博士受聘厦门大学并任教务长兼理学院院长，他给厦门大学带来了化学正在从经典的统计热力学深化为理论化学、结构化学的最新发展信息与理论，从而让厦大化学学科及时捕捉到量子化学、量子力学的发展，跟上世界潮流。自此，化学学科的发展呈现云帆济海之势。新中国成立后，催化的研究与应用、海洋化学分析成果显著，电化学研究、物质结构研究、有机物电极、电分析和有机物点解制备也都在学术界崭露头角。1972 年，蔡启瑞教授与唐敖庆、卢嘉锡两教授联袂承担国家重大基础理论研究课题化学模拟生物固氮研究，与国际同步攻关世界理论难题，成果受到国际同行的赞赏。这个时期的厦大化学，已具备国内一流、国际具有重要影响的学科声望。

除此，海洋生物研究，生物系在金定鸭研究及北京鸭与金定鸭的杂交研究，半导体物理、半导体化学、植物生物学以及数学等方面的基础理论研究，都有全国性影响。理科各系与福建省其他单位联办建立的 8 个新的研究所，有效地促进了厦门大学科学研究与地方建设的紧密结合，拓宽了厦门大学科学研究的思路与途径，这也说明了成为文理综合性大学的厦门大学在学科建设上的明显进展。

从 1949 年新中国成立到 1966 年“文化大革命”爆发，厦门大学与全国高校一样，经历过“整风运动”、“教育大革命”和“大跃进”高潮，作为面对两岸对峙炮火中海防前线大学，社会主义的办学方向和党在学校中的领导地位更加明确与坚定，在人才培养与科学研究上探索前进，书写出新中国高等教育的新篇章。1963年9月12日，教育部以〔63〕教厅秘字第178号文件，将厦门大学定位全国重点大学，“这是国家对厦门大学几十年来办学成就的充分肯定，从教育体制上明确地确立了厦门大学在全国教育事业中的重要地位”①。

1966年到1976年“文化大革命”运动期间，厦门大学与全国高校一样，遭受空前的洗劫。这是中国高等教育发展史上一次挫折和重大教训，经历过这样的风雨，拨乱反正之后，厦门大学的院系与学科建设自有空前的发展。

四

1976年10月6日，党中央一举粉碎“四人帮”；1977年9月，全国恢复高考制度，1978年2月，教育部恢复厦门大学为全国重点大学。1981年10月，厦门被国务院确立为中国四个经济特区之一，身处中国经济特区的国家重点大学，厦门大学被历史推向了改革开放的前沿，学校逐渐顺利走向“党委领导下的校长负责制”的领导体制中，院系建设发展进入一个崭新的历史新时期。2000年之后，按照校院二级管理体制改革，各学院建立学院党委，建立并逐步完善学院党政联席会议制度，厦门大学院系建设得到空前发展。

至2020年，改革开放中的厦门大学全校已建有30个学院16个研究院，展现出门类齐全、学科强劲、专业特色明显、布局合理的整体风貌。依据院系建设与发展的历史，以1995年启动“211工程”为界，整个42年的改革开放可分为两个时期：1978年至1995年为恢复与快速发展时期；1995年之后伴随着国家“211工程”、“985工程”、创建“双一流”建设，厦门大学院系建设进入跨越式发展时期。

1978年春天，当恢复高考制度后的第一届大学生走进厦大时，厦大共设有10个系29个专业，这些系与专业还只是集中于自然科学与人文社会科学的基础理论学科，基础雄厚，但面对世界新技术革命浪潮的兴起和新时期党与国家工作中心转移到社会主义现代化建设和改革开放上，尤其是经济特区和沿海开放城市、经济开发区的设立，原本的科系已经不能很好地适应新形势的需要，于是，学校大胆突破文理结构框架，调整学科与专业设置，大力充实、改造、复办老专业，增设一批新学科，优先创办一批涉外专业、应用科学和应用技术专业，开展边缘新兴学科研究，迈步向文理渗透、多学科组成的综合性大学

① 厦门大学档案馆、厦门大学校史研究室编：《厦门大学校史》第2卷（1949—1991），厦门大学出版社2006年版，第142页。

方向发展。

其一，以“起点要高，起点要新”的要求，创办一批新专业，集中在涉外、经济管理、新兴交叉学科与新技术专业。到1995年，全校已发展到26个系61个专业，突破长期以来保持的文理财经综合性大学格局，形成了包括智能科学、技术科学、人文科学、社会科学、管理科学、教育科学在内的多学科、结构比较合理、内容比较先进的学科体系。

其二，开始恢复学院建制。专业增多后，科、系不断发展，从管理与学科建设出发，开始逐步恢复学院建制。在20世纪80年代初期，先后成立经济学院、政法学院、全国综合性大学的第一个艺术教育学院、技术科学学院，其中技术科学学院的成立既带有复办工科的动机，更是以为国家培养急需的大量科技人才为目标，着重造就工科与理科相结合、交叉的学科的开创性人才。学院作为学校派出机构，具有一定自主权。

其三，以长远的战略眼光，充实、更新老专业。如20世纪70年代复办海洋系。在1952年的院系调整中，厦大将海洋系一分为三，用建立海洋生物研究室的名义战略性留住了海洋生物学科的骨干师资与教学标本，这使得厦大在1962年前后依然成为我国海洋科学的重要基地之一。海洋系虽然不再存在，厦大理科其他系却增设了海洋物理、海洋化学和海洋生物等新的专业、专门化，各系与华东海洋研究所密切配合，共同进行了26项海洋科学研究，成果引起国外学术界注意，《美国科学界对中国科学的看法》一书也提到厦大海洋科学研究的情况。复办后的海洋系，采取少招本科生、多招研究生、重拳科研、提高质量的策略，开展学科建设，并增设海洋水文气象和海洋地质地貌两个专业，为海洋系成为全国一流学科打下了坚实良好的基础。

1995年，厦门大学进入国家“211工程”行列；2001年，被列入国家“985工程”重点建设高校；2017年，入选国家A类“双一流”建设高校。在中国教育从教育大国走向教育强国的历史进程中，厦门大学的院系发展与学科建设，实现了跨越式发展。

1999年3月，全校深化校内管理体制改革，开始实行校院二级管理，学院建制全面铺开，各学院按照学院办大学的发展趋势，遵循“优化结构、强化内涵、扶优促新、鼓励交叉”的原则推动学科与专业建设，从1995年到2020年，全校共设置30个学院16个研究院，新增52个专业，撤销4个专业，调整18个本科专业，最终设置本科专业99个，涵盖文学、哲学、历史学、法学、经济学、管理学、理学、工学、建筑学、医学、艺术学等11个学科门类，以学科为支撑，打造一批定位明确、管理规范、改革成效突出，师资力量雄厚、培养质量一流的院系与专业群；全校有17个国家级特色专业，2个国家级人才培养模式试验区，2个国家级专业综合改革试点，3个专业入选教育部基础学科拔尖学生培养计划，24个专业13个项目入选教育部卓越人才培养计划。

这个时期，也是厦大研究生教育的大发展时期。1986年9月，国务院批准厦大试办研究生院；1996年3月，厦大正式获准设立研究生院；2018年，厦大成为全国首批20所学位授权自主审核单位之一。至2020年，全校共设有32个博士后流动站，36个一级学科博士学位授权点，45个一级学科硕士授权点。研究生院的建设与发展，推动了厦大研究生教育的空前发展，也更紧密地将厦门大学的学科建设与学院建设融为一体。

学科作为高校实施科研、教学活动和集聚人才的最基本的单元，是学校根本性的基础建设，也是院系建设发展的基础与支撑。这个时期，凭借国家"211工程"、"985工程"建设和创建"双一流"的支持，院系以学科为支撑，以学科建设为重心，凸显了学科建设的基础性与关键性。

其一，以学科建设为支撑为龙头，整合组建符合学科发展和拓展创新学科建设的学院，优化学科布局。如整合厦大早期传播和研究马克思主义与当代马克主义教学研究的资源，成立马克思主义学院，设立"985工程"重点学科"马克思主义理论"、"211工程"三期国家重点学科"中国特色社会主义理论与实践"建设项目，与中共福建省委宣传部合作共建"厦门大学中国特色社会主义理论体系研究与培训基地"，加强学科建设，建设国内高水平的马克思主义理论学术创新基地。如整合全校电子工程、电子科学、微电子与集成电路、电磁声等相关学科，组成电子科学与技术学院，入选国家示范性微电子学院；整合软件学院、物理科学与技术学院、计算机与信息工程学院相关资源成立信息学院；将公共事务管理学院的社会学系与人文学院的人类学系组合成社会与人类学院，更准确对应国际学科范式；而像数学科学学院、国际关系学院、台湾研究院、教育研究院、萨本栋微米纳米科学技术学院，则是应对历史与国家的需求，在学校原本的优势或特色学科基础上建立起来的学院。其中数学与应用数学为国家级一流专业、国家一类特色专业、国家理科数学与应用数学基础科学研究和教学人才培养基地，入选国家基础学科拔尖学生培养试验计划；台湾研究院入选国家高端智库试点建设、培育单位。以教育部人文社科重点研究基地会计发展研究中心和国家重点学科工商管理为依托，整合MBA和EMBA、会计系、工商管理系、管理科学系与旅游管理专业组成管理学院，很快使管理学院成为中国最具竞争力的十大商学院之一。工商管理、会计学、财务管理和电子商务4个专业入选国家一流本科专业建设点，在2017年教育部公布的全国第四轮学科评估中，工商管理一级学科获评 A 类学科，经济学与商学进入 ESI 全球前 1%行列。

其二，以大学科理念、通过国家人才培养基地和重点学科的依托带动，推进院系与学科的建设发展。1999 年校院二级管理体制改革伊始，学校就开始推行大学科的学院建制理念，文、史、哲 3 个系 6 个一级学科，以国家文科历史学基础科学研究和教学人才培养基地与国家重点学科中国经济史为带动，组建人文学院，力图打通文史哲，“研究高深学问”和培养人文学科精英人才。以大医科理念，整合生命科学学院、医学院、药学院、公共卫生学院等力量，推进学科交叉融合，构建医、教、研有机融合的医科教育体系。2018 年和中国卫生信息与健康医疗大数据学会共同建立医疗健康大数据国家研究院，汇聚理、工、医及社会科学十几个学院的教师与研究团队，通过自主创新和跨学科合作，产生一批国内外领先的具有良好产业转化价值的一流研究成果，凸显大学科整体的优势。

在大学科建设与学科协同创新中，由厦门大学牵头，与复旦大学、中国社会科学院台湾研究所、福建师范大学共同建设的国家协同创新中心“两岸关系和平发展协同创新中心”，由厦门大学、复旦大学、中国科学技术大学和中科院大连化物所为核心层，组建的国家级协同创新中心“能源材料化学协同创新中心”，都体现出大学科、跨学科与跨越部门、学校的创新优势。2018 年 12 月，国家自然科学基金委依托厦门大学建设“国家天元数学东南中心”，该中心由数学科学学院牵头，联合 5 个省 14 所高校为共建单位，更是以大学科、大组合、大跨越的组织形态呈现出构建一流核心竞争力的重要举措。

其三，发挥优势，打造国内领先、国际一流的高峰学科，是这一时期厦大院系建设与发展水平最基本也是最重要的成果之一。目前厦门大学有理论经济学、应用经济学、工商管理、化学、海洋科学 5 个国家一级重点学科，另有 25 个国家二级重点学科，分布在经济、管理、化学化工、数理、海洋与地球、生态与环境、法学、高等教育、生命科学、人文等学院。另有化学、工程学、农学、社会科学、计算机科学、分子生物学与遗传学、微生物学、药物理与毒理学、地学、物理学、经济学与商学等 18 个学科在 ESI 全球排名前 1%；17 个学科在 QS 世界大学学科排行榜上有名，上榜数居中国大陆高校第 12 位；37 个学科登上软科世界一流学科排行榜，上榜数居中国大陆高校第 8 位。2017 年，化学、海洋科学、生物学、生态学、统计学入选国家“双一流”建设行列。

当我们对厦大 100 年的院系发展做出梳理后，我们会发现，厦大百年院系的历史脚步，实际上是伴随着 100 年来中华民族伟大复兴的风云变幻与中国高等教育的命运嬗变而砥砺行走的，它走的是一条从小到大、从少到多、从大到强的历史发展脉络，一条是院系建设与学科发展紧密融合的道路，一条是国际竞争力和整体实力不断提升的道路。百年院系不断调整不断演化的进程，也就是百年学科不断变革不断创新的历程，这里有成功的喜悦，也有挫折的教训，有起伏的艰辛，也有前进的欢笑，但无论在什么时候、在什么样的空间里，都向着校主陈嘉庚先生提出的“世界之大学”目标前行，都沿着“与世界各大学相颉颃”的意志行进，都朝着“中国特色，世界一流”的憧憬踔厉奋进。

五

“厦门大学百年院系史”系列的编撰出版，是各院系向厦门大学百年华诞献上的一份礼物，她以100年来各个学院、研究院的学科发展、专业建设、院系在时代中变动的脚步为主要内容，呈现不同历史时期南方之强的个性与风采。目的在于总结经验，传承命脉，弘扬自强不息、止于至善精神，激励“双一流”建设，为厦门大学与中国高等教育留下一份珍贵的历史叙述。全校共有35个院系、研究院及厦大出版社参加了这个规模空前的编写工程。每部院系史主要包含以下内容：

一、历史的脚步。这是全书最主要的叙述，它通过对院系的历史梳理，描述出在各个历史时期的发展脉络与特征，客观呈现各学院发展进程中的主要事件，重点叙述以学科建设、人才培养为重心的发展变化、主要特点和成就，以及行政管理、社会服务上的变更发展。

二、党政管理。叙述院系党的建设情况，行政机构的变更，历任党、政领导等。

三、学科发展。叙述院系学科建设发展的轨迹与特色、地位与成绩，包括博士授权点、硕士授权点介绍及其人才培养特色，研究基地、研究所、中心介绍及其工作特色，重点实验室介绍及其工作成就，对外交流成果等。

四、教学成果。阐述院系在人才培养与教学教育中的发展嬗变，包括专业设置、课程体系、精品课程与教改项目、教学成果奖、特色专业与创新试验区、教学团队、教材建设、人才培养基地、创新创业教育等内容。

五、学术成就。配合学科建设的发展，叙述学术上的做法与成就，包括获奖学术成果、主要著作与论文、主要研究课题。

六、附录：院系大事记。

这是一项具有长远意义且严肃的工作，学校要求各院系在编撰中坚持正确的政治导向，突出与中国共产党同龄的厦门大学教育救国、教育兴国、教育强国的历史步点；重点叙述与提炼各学科、各专业及人才培养的发展与成就，彰显学术大师和著名校友的贡献；历史须客观叙述，要求准确无误有根有据，尽可能追根溯源，填补漏缺，还原历史，强调学术传承。但历史的写作须经千锤百炼，百年院系历史的叙述需要长期的淬炼，今天打开的这个脚步，难免深浅不一，难免有疏漏之处，还有许多需要打磨甚至勘正的地方，还请各位读者批评指正。

全校的百年院系史系列编撰工作在2019年的春天启动，历时两年的时间，在厦门大学百年华诞到来之际，终于与厦大人、与各方读者见面了。当各院系的撰写者在各自的历史隧道中搜寻攫微、考辨记载而写出自己的院系历史的时候，实际上是在对一个学科、一个院系的过去与今天的研究梳理，也是与明天的一个重要联系与启示。相信经过这次院系史的研究编写，各学院各学科将会以史为鉴，以更宏伟的规划更准确的定位更实在的工作，在党的坚强领导下，向着“中国特色，世界一流”的建设方向，奋力推进厦门大学院系建设与学科发展。

2021年3月12日

编写说明

2021年是厦门大学百年华诞的盛庆吉年，按照学校统一部署，学院在党委统一领导下，成立了院史编写工作小组，学院办公室按照学校的体例要求、结合学院的特点进行编撰。主要内容包括历史的脚步、行政管理、学科发展、教学成果、学术成就、服务“美丽厦大”等。

编撰力求尊重历史，尊重事实。所选材料来自校史、专著、论文、报刊、院庆刊物、院办日常办公资料、各位师生提供的资料等，力求做到言之有物，言之有据，言之有理。院史是我们身边的历史，对我们来说特别有温度、有感情，因此这本院史还在一定程度上具有言之有情的特点。

建筑与土木工程学院相关学科的历史久远，但不连续，早期的资料特别难找，加上时间紧，任务重，编者水平有限，编者不是编写历史的专业人士，难免出现错漏，敬请读者体谅和指正。另外，书中图片除有注明出处外，均来自厦门大学建筑与土木工程学院办公室。

在编写过程中，学校相关部门、学院领导和同事们都给予了大力支持和帮助，这本院史是大家共同努力的结果，是集体智慧的结晶。在此，谨向所有关心、支持、参与编写工作的领导和同志们表示衷心的感谢和崇高的敬意！

《厦门大学建筑与土木工程学院院史》编纂组

2020年12月8日

目录

c o n t e n t

第一章
历史的脚步

建筑与土木工程学院专业教室映雪楼

厦门大学的工科办学历史可以追溯到 1922 年 7 月学校增设的工学部，1923 年4 月，工学部改为工科，1924 年 6 月，工科归并到理科，下设工程学系，土木工程教授田渊添任物理学系主任兼工程学系主任。1926 年 8 月，工程学系独立为工科，下设土木工程系、电气工程系、机械工程系。1927 年 6 月，工科停办。1937 年秋，在国家危亡、中华民族全面抗战的艰难岁月里，时任校长萨本栋坚持让学校在战火中发展，考虑到战后国家急需建设人才，毅然决定增设土木工程系，并短期亲自兼任土木工程系主任，为国家和社会培养了一批优秀的土木工程人才。1953 年，由于全国范围院系调整，土木工程系再次停办，相关师生调整到浙江大学、南京工学院（现东南大学）、华东水利学院（现河海大学）、同济大学等兄弟院校。1987 年，厦门大学在东南大学协助下创办建筑系，1999 年复办土木工程专业，2004 年成立建筑与土木工程学院，2007 年成立城市规划系。

学院现设有建筑系、土木工程系、城市规划系 3 个系，建筑学、土木工程、城乡规划、工程管理4个本科专业，建筑学（含城乡规划）、土木工程2个一级学科硕士点及“建筑学硕士”专业学位授权点、“土木水利”工程硕士专业学位授权点，文化遗产与城市建设、建筑环境监测及防护2个二级学科博士点。

建筑学、土木工程学科为福建省省级重点学科，建筑学专业入选国家级一流本科专业建设点，土木工程、城乡规划专业入选省级一流本科专业建设点。建筑学专业为福建省第三批本科教育特色专业，并入选教育部第三批卓越工程师教育培养计划，“基于数字技术的建筑师培养体系研究与实践”入选教育部“国家级新工科研究与实践项目”，建筑学研究生教育创新基地为福建省研究生教育创新基地。土木工程实验教学中心为福建省实验教学示范中心，BIM虚拟仿真实验教学中心为福建省省级虚拟仿真实验教学中心。厦门市交通基础设施智能管养工程技术研究中心和厦门市文化遗产数字化保护与应用重点实验室为依托学院建设的市级工程技术研究中心和重点实验室。

学院设有教学实验中心，下设数字化设计实验室、地理信息系统与遥感实验室、建筑造型实验室、建筑物理实验室、建筑材料与构造实验室、建筑人工气候实验室、材料力学实验室、建筑材料实验室、工程测量实验室、岩土工程实验室和结构工程实验室共11个实验室，总建筑面积约2000平方米。配备专业教室、美术教室、制图教室等教学场所，设有专业图书资料室，藏有专业中外文图书资料48981册、中外文期刊167种及相关声像资料。

学院现有在职教职工102人，退休教职工17人。其中在职专任教师70人，教授15人（占专任教师数21%），副教授29人（占专任教师数41%），具有博士学位专任教师54人（77%）。拥有国家自然科学基金优秀青年基金获得者1人，福建省“闽江学者”特聘教授1人，教育部“新世纪优秀人才”2人，当代中国百名建筑师1人，中国建筑学会青年建筑师奖（青年建筑师最高奖）获得者1人，中国建筑设计奖·建筑教育奖获得者1人，福建省杰出青年科学基金获得者1人，福建省高等学校新世纪优秀人才4人，福建省高等学校教学名师1人，福建省高校省级教学团队1个，福建省省级研究生导师团队3个，福建省工程勘察设计大师2人，福建省科技创新领军人才2人，福建省高校青年教学新秀1人。

学院现有在校本科生551人、硕士生287人、工程硕士93人、博士生24人。2020年，学院招收博士生7人、硕士生106人、本科生126人。2020年，毕业研究生86人、本科生101人。2020届毕业研究生就业率97.67%，本科毕业生就业率 85.15%，本科生考研录取（出国）率 50.50%。

学院与意大利国家研究委员会等签署了合作备忘录，推进与美国伊利诺伊大学、土耳其中东技术大学、希腊雅典国立科技大学讨论联合培养或合作备忘录事宜。学院与英国卡迪夫大学、英国纽卡斯尔大学、美国麻省理工学院、美国迈阿密大学、美国北卡罗来纳大学夏洛特分校、新加坡国立大学、意大利帕维亚大学、德国特里尔大学、德国斯图加特大学、西班牙拉塞尔大学、新西兰惠灵顿维多利亚大学等开展了密切的学术交流与合作。

一百年风雨如磐，初心不忘；新时代宏图大展，争创一流。在 100 年悠悠岁月中，学院师生遵循“自强不息，止于至善”的校训，励精图治，奋发图强，涌现出包括林幼堃、洪伯潜、曾国熙、吴自迪、严启昌、丰定国、黄仰贤、陈振苍、刘鸿文、洪敦枢、纪华盛、廖开治、林通富、茹明德、林坦、杨昆等众多优秀的科学家、教育家、工程专家、革命志士。据不完全统计，学院招收和培养本专科毕业生 3914 人、硕士生 1352 人、博士生 25 人，为国家建设和发展、为“一带一路”建设、为构建人类命运共同体做出了应有贡献。

第一节　创办初期　苦难与辉煌：1922—1949 年

一、私立厦大时期工科办学艰难起步

在厦门大学筹建过程中，工科作为最初规划设立的 6 个学部之一，被列入筹备委员会工作计划。1920 年 10 月，厦门大学筹备委员会第一次会议在上海召开。“在厦门大学校主陈嘉庚先生的蓝图中，他准备筹建的大学应当是‘世界之大学’，因此他选择了当年与世界联系最密切的‘东方巴黎’上海召开筹备会。”[①] 会议决定，在教学机构方面，计划设置师范、商学、工学、法制经济学、农林学、医学 6 个部。各部、各科设主任一人，教授、助教授、讲师、助理员若干人。[②] 可见，

---

① 徐文才.98 年前他们在上海筹备厦门大学的建校[EB/OL].(2018-07-18)[2020-03-20].https://alumni.xmu.edu.cn/info/1020/2066.htm.

② 洪永宏.厦门大学校史：第 1 卷[M].厦门：厦门大学出版社，1990：10.

在厦门大学创办人的规划中，厦门大学将是一所包含工科在内的多科性大学。从规划设立的6个学部来看，都是当时社会发展较为急需的学科。

根据1921年3月30日上海《国民日报》发表的《厦门大学大纲》中的“附表：厦门大学组织系统表”，学校在工学部下设立了土木、建筑、机械、电气、化学、采矿冶金6个工科专业，以正式文件的形式确定了土木、建筑等学科的建设规划。

1922年7月，在林文庆校长领导下，学校增设了工学、新闻两学部，开始了工科办学历史，也开启了土木工程学科的办学历史。

1923年4月，学校决定各学部改称为科，全校共设文、理、工、教育、新闻、商等科，决定于同年7月招收工科预科学生。根据《厦门大学布告第二卷》记载，1923年工科筹备主任为胡嗣鸿副教授（美国哥伦比亚大学冶金科硕士）。工科的教师有胡嗣鸿副教授、傅式说副教授（日本东京帝国大学工科学士）、黄汉和副教授（美国麻省工业大学冶矿科学士，意耳诺大学研究院学侣）。傅式说担任教务处注册课主任兼学生指导委员长。

据厦大校史记载，1924年春，担任工科主任的为李拔峨教授，同时期担任土木工程学教授的为田渊添。田渊添教授为英国爱丁堡大学理科学士、土木工程专家。

1924年5月，工科主任李拔峨等教授提出辞职。6月，学校评议会议决定将工科归并到理科，下设工程学系，土木工程学教授田渊添任物理学系主任兼工程学系主任。同年秋季，田渊添兼任学校建筑部主任。田渊添还兼任学校行政委员会委员、财政委员会委员、卫生委员会委员、学生指导委员会委员、图书委员会委员、设备委员会委员、建筑委员会委员、中等学校审查委员会委员、入学审查委员会委员等职务。学校非常重视教学质量，教授均亲自授课，都要上2～4门课程，工程学系主任、土木工程教授田渊添讲授了“应用力学”“土木工程学”等课程。

根据《厦门大学布告第三卷》记载，1925年，工科的教师有田渊添教授、黄汉和副教授、李英标副教授。李英标为比国黎业斯国立工艺专门学校工业化学技师，比京私立电机专门学校电科技师，黎业斯国立大学电科工程师，比京电气建筑科实习员，比国哥克里厂工程师。当时工程学系开设的课程有“英文”“数学一”“化学一”“图画一”“国文一”“物理一”“图画二”“测量一”“工程学一”“工程学二”“工程学三”“地质学一”“图画三”“工程学四”“工程学五”“工程学六”“图画四"17门必修课程，学生还需修读4门选修课程，合计21门课程。根据《厦门大学布告第三卷》中的"工程系学程表"，1925学年工程学系开设的具体课程有"热机工程""水力学""物力学""土木工程原理""机械工程原理""电气工程原理""测量学""初等机械图""图书实习""精写图画""策划实习"。

1926年1月，学校将隶属于理科的工程学系仍改为独立的科（类似今天厦大的学院）。当时全校共设置文、理、教育、商、工5科，工科下设土木工程系、电气工程系、机械工程系。至8月，学校已形成文、理、教育、商、工、法6科，下设19个系，开设本科课程190门、预科课程29门，初步形成多科性教学结构。当时土木工程系开设的课程有"国文十三（应用文）""英文一""数学一（解析几何）""化学一（无机化学）""画图一（初等机械图）""选修课程""英文二""数学二（微积分及微分方程式大意）""物理一（普通物理）""画图二（制图及图解力学）""工程学概论""应用数学""热力工程及实验""材料学""测量一及制图""电机工程学""水力学讲演""地质学""材料力学及实验""建筑学原理""土木工程一（铁道及道路）""土木工程二（自来水工程及卫生工程）""工程经济（工程管理）""制图"24门课程，共158个绩点。

1927年6月，工科停办，土木工程系办学中断。

二、抗战时期私立改国立 复办土木工程系创辉煌

1937年7月6日，国民政府教育部任命年仅35岁的清华大学教授萨本栋博士为国立厦门大学首任校长。萨本栋"只因感于陈嘉庚毁家兴学的伟大精神，乃同意就任，但提出以两年为期"①。次日发生"卢沟桥事变"，抗日战争全面爆发。"萨本栋受命于危难之际，三天内就把清华大学教授一职交卸完毕，7月11日离开北平，先抵南京，向教育部报到。"②7月26日，萨本栋抵达厦门大学，与林文庆等办理移交手续。7月29日，正式视事。

萨本栋校长认为，抗战需要战士，但同时也需要各类高级人才与学者。"他从抗战建国的需要及自身的优势出发，在复兴厦大以实现'南方之强'目标的诸

①② 洪永宏.厦门大学校史：第1卷[M].厦门：厦门大学出版社，1990：157.

项工作上，首先抓住工科的创设及发展。”①

萨本栋看到国家抗战时期急需工、农、商、医等人才，战后急需大量建设人才，决定增设土木工程系。在他正式视事厦大的第二天，即1937年7月30日，宣布增办土木工程系，暂时隶属于理学院（1940年9月改为理工学院），萨本栋校长亲自兼任土木工程系主任。

作为国立后土木工程系的首任系主任，萨本栋校长为土木工程系的发展呕心沥血，他积极与政府沟通协调，争取支持，亲自部署规划课程设置，引进师资。因此，土木工程系得到迅速发展，声名远扬。

（一）萨本栋校长创办土木工程系的理念和举措

对于增办土木工程系，当时的福建省政府官员有不同的意见，认为在抗战时期，经费紧张，应节俭办学，不宜增办土木工程系。为了获得福建省政府的支持，1937年9月25日，萨本栋校长写了题为《办土木工程系辩》的信给时任福建省主席陈仪，强调创办土木工程系的重要意义，认为“兹长期抗战尤赖后方人才续出庶足以固根本而宏力量”，培养土木工程人才，对于支持抗战大有用处。

办土木工程系辩

（1937年9月25日）

公洽主席先生钧鉴。

奉本月十六日大函祗悉一一。承示际非常时期应裁减一切不必要之费以充后方设备。盖筹硕划曷任钦佩。惟念培育土木工程人才在此非常时期似非不必需要之举。吾闽高等教育机关苟能早注意及此，则此次国难时期，于一切土木工事当不无若干裨益。况值兹长期抗战尤赖后方人才续出庶足以固根本而宏力量。设战局甫经发生即因军需而停教育，甚恐非谋国贤能如先生者所肯出此也。质之高明以为然否。敝校前奉教育部训令，以前经咨请省政府每年拨给敝校经费六万元。嗣经省府余午世府教丙61740号咨复以廿六年度仅能照旧每年拨付敝校五万四千元云云。方以为此数尚恐不敷分配，岂料现竟将并此而无之。似

① 洪永宏.厦门大学校史：第1卷[M].厦门：厦门大学出版社，1990：193.

此应付万难奈何！查敝校本年度土木工程科前因奉令开办，业经招考完竣，各界周知，无不热烈赞成。即校董陈嘉庚亦极为赞许。现在一切仪器设备早经进行订购。若一旦骤告中止，将何以维信用而对社会？无已，惟有仍恳先生体念实情力赐维持而已。设省方实在无法维持原额，亦望与他项机关一视同仁。一面敝校亦当仰体时艰，将教室建筑暂缓进行，并酌减一二教授以资维持。万望勿遽将全数停付，则敝校幸甚，学子幸甚！临楮不胜惶悚，盼望之至。专肃敬祝

勋祉

萨本栋

资料来源：石慧霞.萨本栋传：民族危机中的大学校长[M].厦门：厦门大学出版社，2015：99.

"对工科及工科教学，萨本栋是熟悉的、有主见的。他认为大学的工科，应该是基础课与专业课并重；专业课则应理论课与实习课并重。"[①]土木工程系创办时，只聘到 2 名兼职的土木工程学教师，一位是美国麻省理工学院硕士、厦门自来水公司总工程师林荣森（林铖），一位是交通部南洋大学（交通大学前身）学士、厦门电灯公司工程师陈崇焱。

萨本栋校长作为首任系主任，并不因为条件尚未完全具备而拖延，他大胆招生，先安排土木工程系入学新生修读"国文一""英文一""普通物理""初等微积分"等基础课，共 36 学分，专业课只安排"投影几何及工程图""实习"两门。对基础课的任课教师，他尽量择优配备，请周辨明教授讲授"英文一"，杨振先教授讲授"经济学"，黄启显副教授、谢玉铭教授讲授"普通物理"，傅鹰教授主讲"普通化学"，他自己也为土木工程系的同学们讲授"微积分""物理"等基础课。学校迁到长汀后，他注重引进土木工程系师资，添置教学设备，土木工程系很快成为学校的重点学系之一。到 1938 年上学期，土木工程系学生数达 40 人，是理学院中学生数最多的系（数理 15 人，化学 28 人，生物 19 人），是全校仅次于经济学系（50 名学生）的大系。

---

① 洪永宏.厦门大学校史：第 1 卷[M].厦门：厦门大学出版社，1990：193.

(二)加强土木工程系队伍建设　建设高水平师资队伍

萨本栋校长为了发展壮大土木工程系,1938—1943年,他聘请了一批著名专家学者来土木工程系任教,部分教师名单如下:

俞浩鸣,1938年聘任,副教授,上海复旦大学工学士、美国密西根大学工科硕士,曾任南京军政部技正。

黄文炜,1939年聘任,教授,博士。

叶明升,1939年聘任,湖北人,教授,清华大学工学士,矿冶工程专业。

朱家炘,1939年聘任,湖北人,教授。幼年随堂兄赴日本求学,后留学美国,毕业于康奈尔大学机械工程系,曾任美国康奈尔大学机械工程师。回国后致力于推广农业机械化和创办陶瓷工业等实业,在探讨中国工业化道路方面积累了丰富的实践经验。曾任广西大学理工学院机械系教授兼主任,厦门大学任土木系教授兼筹备机电系,为机电系主任。1953年,随院系调整调入浙江大学,任机械系教授,不再担任行政职务,只任校委会委员。1961年以70高龄申请退休,1979年3月在杭州逝世,享年88岁。

刘晋柽,1939聘任,福建人,教授,美国康奈尔大学土木工程硕士,历任浙江省公路处主任工程师、福建省公路总工程处代理总工程师、水利总工程处总工程师。1940年,任土木工程系主任。

黄中,1940年聘任,四川人,教授,美国伊利诺伊大学学士,麻省理工学院工科硕士,历任武汉大学、浙江大学教授及钱塘江工程处工程师。1941年,担任土木工程系主任,曾于1943年10月11日任第100次校务会议成员,于1944年5月5日任第108次校务会议成员。

王敬立,1940年聘任,浙江人,教授,国立交通大学唐山工学院学士,美国伊利诺伊大学工学院土木工程硕士,主讲“应用力学”“材料力学”“结构力学”课程。据1943级校友罗嘉运回忆,王敬立“不胖也不瘦,不苟言笑,不戴眼镜不穿西装,一身长衫却拿着手杖”,所选用的课本全是英文版,“课堂上常夹着一些英语短句”,“回国时带回力学难题80多个,多数是书上没有的,每学期轮流出一二题来考学生,考试时间不限,也难得高分”。[①] 王敬立十分注意培养青年教师,1937级

① 王豪杰.南强记忆:老厦大的故事[M].厦门:厦门大学出版社,2009:82.

校友方虞田担任王敬立“材料力学”课程助教，试讲材料力学讲得不错，有时也被学生问得卡壳，一时语迟，王敬立“从最后排走下来，踩得木台阶地板碰碰响。经他解析后，大家也没话说了，这堂课仍由方老师继续下去”。[①] 王敬立在全英文的《厦大理工学报》发表了几篇论文，王敬立曾于1943年10月11日任第100次校务会议秘书，1944年5月5日任第108次校务会议秘书，后来历任北平市政府、黄河水利委员会、川滇公路工程师，武汉大学、云南大学教授。

李厚田，1940年聘任，浙江人，教授，圣约翰大学土木工程学士，美国威斯康星大学硕士，主讲《结构力学》一二册，历任上海华启工程公司、南京基泰工程公司工程师，美国土木工程协会会员。

徐人寿，1941年聘任，浙江人，教授，主讲“土力学”“水力学”课程，清华大学留美学生。据1943级校友曾国熙回忆，1942年秋季，他“有幸上了‘土力学’课”，当时在美国也只有少数的大学才开设“土力学”课程，英国迟了好多年才开设。[②]

罗孝登，1943年聘任，福建人，教授，唐山交通大学毕业，学士，从事实际工程工作多年，主讲“铁道工程”等课程。

徐世大，1943年聘任，教授，浙江人。1917年毕业于北洋大学，后留学美国，获美国康奈尔大学土木工程硕士，回国后曾任河海工程专门学校教授。1928年任华北水利委员会技术长(负责水文业务)。1929—1930年，任职于浙江省建设厅、浙江省钱塘工程局、浙江省水利局等。1930年，任华北水利委员会总工程师兼永定河上游工程处长。参与中国水利工程学会组织领导工作，任3—7届董事、7—9届总干事。1932年任天津分会副会长，1946年任天津分会会长。1943年受聘于厦门大学土木工程系教授，讲授“水利工程”课程。1944—1945年赴美国考察水利建设，1945年任中国水利工程学会下设出版委员会主任，主持《水利特刊》编辑出版工作。其后任天津海哥工程局局长、浙江钱塘江海塘工程局局长等。20世纪50年代任台湾石门水库设计委员会总工程师。论著颇丰，曾在《河海月刊》《华北水利月刊》《水利》等发表《华北雨量之研究》《华北降雨率公式之研究》《明渠流量观测方法之探讨》。1935年在论文中推出“华北平原区、

---

① 王豪杰.南强记忆：老厦大的故事[M].厦门：厦门大学出版社，2009：82.

② 王豪杰.南强记忆：老厦大的故事[M].厦门：厦门大学出版社，2009：150.

山岭区、高原区降雨率公式，用于洪水估算，在国内尚属首创”。入选《浙江省水利志》《钱塘江志》《台湾水利人物志》等。

陈梁生，助教，担任平面测量的实习指导等教学工作。萨本栋校长曾经动员和帮助陈梁生报考庚款留学，后来在美国获得哈佛大学土力学博士学位。1948 年，从美国哈佛大学归来，到清华大学任教，建立了我国北方地区第一个土工试验室。1952 年，成立清华大学工程地质及土力学基础工程教研组，培养了中华人民共和国最早的一批岩土工程学科的研究生。20 世纪 60 年代，清华大学“在本科实行‘因材施教’的课外学习与培养形式，对于学习较轻松，成绩较好的学生可以申请感兴趣的专业因材施教，大约相当于候补研究生”①。陈梁生指导了李广信、陈祖煜和胡锦涛 3 位因材施教生。陈梁生还编写了教育部审定的全国通用教材，成长为我国著名的土壤力学专家。

在当时战火纷飞的岁月，能有这样一支实力雄厚、“可以与国内任何大学相颉颃”(1941 年萨本栋校长开学词)的师资队伍，实属不易。

(三)狠抓教学质量　严格考试要求

萨本栋校长非常注重教学质量的提高，他认为如果在数量与质量不能兼顾的情形之下，质量的改进比起数量的增加更加重要，认为“一个学校的程度，一旦降低之后，要想恢复就需要很大的力量”②。当时土木工程系缺少结构学教授，他一边托好友清华大学教授吴有训帮助物色师资，一边做好自己代为讲授结构学的准备。

萨本栋校长十分注重基础课的建设，强调“文理必须沟通，文科学生要有一定的自然科学知识，理工科学生不能没有社会科学知识。全校一年级学生都要修国文、英文，不及格的要重修，重修不及格则予以退学”③。萨本栋校长于1941 年2 月在第 66 次校务会审议通过了《国立厦门大学语文特殊试验办法》，对国文和英文两个科目的考试做出专门规定，成立专门的组织委员会，按“优”“可”

---

①　李广信.我的土力学生涯[EB/OL].(2019-05-18)[2020-05-10].http://electrokinetic.cn/? p=494.

②③　石慧霞.萨本栋传：民族危机中的大学校长[M].厦门：厦门大学出版社，2015：104.

"劣"三等给予成绩评定，应试三次成绩为"劣"等的学生不得再参加该科考试，每年组织委员会甄选国文和英文成绩特优者各三名推荐给学校发放奖学金及奖状。[①]土木工程系1938级校友雷世懋回忆说："在整个一年级阶段，除读理工方面基础课外，还学了一年的国文课（黄典诚先生讲授）与中国通史课（叶国庆先生讲授），两位教师都像教中文系、历史系学生那样严格要求我们。这一举措不但提高了学生文史知识水平，更通过文史课进行了人文素质教育。对学生在学习现代科学知识的同时不忘传统文化，在学文化的同时学做人，起到了潜移默化的作用。"[②]

萨本栋校长也非常注重专业课的建设，强调基础课与专业课并重，专业课应该理论课与实习课并重，注重培养学生实践动手能力和创造创新能力，以满足培养专门人才的需要。萨校长主张实行严密的学制，学制为4年，按照各系的不同情况，规定毕业必须修满的学分数。当时土木工程系需修满142个学分方能毕业，对专业的先修后修课程做出科学安排。学生如果学有余力，还可以在主系之外增修辅系。

萨本栋校长还制定了严格考察考试制度，考试分为平时考试、学期考试和毕业考试3种，学生一学期内任何课程缺课超过课时总数1/4者，不得参加该门课程学期考试，以零分论处。萨校长讲授"微积分"课程，要求严格，上课两三周后举行考试，满分为50分，凡成绩不满20分的，一律改修"高等数学"，有的同学因此退学。1939年土木工程系经统一高考入学的人数50—60人，到毕业时仅剩16人。[②]

当时很多老师上课要求严厉，土木工程系的方虞田、王敬立等授课严格，非常有名。根据校友苏林华在《长汀岁月与萨本栋精神》一文中回忆，当时工科生在一年级的必修课"工程图"的指导老师是土木工程系的方虞田助教，他采用美国教材，对工程画要求很高，不论布局和纸面，都必须清爽干净。当时的学生曾感叹："一学分何苦乃而？"他盛怒之下，依然对学生谆谆教诲，认为工程画与将来的工作息息相关，必须严格要求。方虞田后来担任机电系讲师，讲授全校的"材

---

①② 石慧霞.萨本栋传：民族危机中的大学校长[M].厦门：厦门大学出版社.2015：106.

② 王豪杰.南强记忆：老厦大的故事[M].厦门：厦门大学出版社，2009：148.

料力学”课程，协助朱家炘教授管理机械实习工厂并兼任厂长。① 学校回迁厦门后，方虞田担任学校工程室主任，凡是校内新的建设，如滨海的工学馆实习工厂的设计和施工均由方虞田负责，后来他在监工时发生爆炸而不幸殉职。②

土木工程系王敬立副教授讲授“应用力学”与“材料力学”，由于王敬立兼任校长秘书，授课他只指点重点，其余时间由助教林中柽和曾国熙授课，但考试时由王敬立出题，题目都不在课本和其所附的习题上，而是课外比较冷僻的知识，如果学生不是学得很深入，掌握材料不是很丰富，很难回答。王敬立一般安排在某个星期天上午考试，只有 2 道题，要考 4 个小时，逼得学生们不得不下苦功夫，多看参考书，多方研读，才能举一反三，考试过关。后来王敬立回到铁路局工作，助教林中柽和曾国熙都取得了大成就。③

（四）合理构建课程体系

从土木工程系当时开设的课程来看，包括“国文”“英文”等 8 门基础课，“投影几何及工程画”“结构学”等 24 门专业必修课，“高等材料力学”“河工学”等 12 专业选修课（表 1-1），培养目标包括公路、铁路、桥梁、水工、房屋、城建等各方面的建筑工程人才。

表 1-1 土木工程系创办时的课程设置情况

课程名称	学　分	课程类别	课程名称	学　分	课程类别
国文	6	基础课	结构学	6	专业必修课
英文	8	基础课	钢筋混凝土	3	专业必修课
经济学	6	基础课	道路工程	3	专业必修课
普通物理	8	基础课	地质学	3	专业必修课
初等微积分	8	基础课	电工原理	4	专业必修课
英语二	不详	基础课	结构计划	2	专业必修课

① 王豪杰.南强记忆:老厦大的故事[M].厦门:厦门大学出版社,2009:82.

② 苏林华.长汀岁月与萨本栋精神[M]//陈武元.萨本栋博士百年诞辰纪念文集.厦门:厦门大学出版社,2004:25.

③ 苏林华.长汀岁月与萨本栋精神[M]//陈武元.萨本栋博士百年诞辰纪念文集.厦门:厦门大学出版社,2004:26.

续表

课程名称	学　分	课程类别	课程名称	学　分	课程类别
普通化学	不详	基础课	土石结构及基础	3	专业必修课
微分方程	不详	基础课	钢筋混凝土计划	3	专业必修课
投影几何及工程画	2	专业必修课	铁道工学	3	专业必修课
实习	2	专业必修课	契约及规范	1	专业必修课
应用力学	6	专业必修课	高等材料力学	3	专业选修课
材料力学	4	专业必修课	河工学	3	专业选修课
平面测量	10	专业必修课	水工计划	2	专业选修课
机动学	3	专业必修课	灌溉工程	2	专业选修课
热机学	3	专业必修课	都市给水	3	专业选修课
材料试验	1	专业必修课	污水工程	3	专业选修课
工程材料	2	专业必修课	水力发电工程	3	专业选修课
大地测量	3	专业必修课	高等结构计划	3	专业选修课
铁路测量及土工	3	专业必修课	高等结构学	4	专业选修课
水力学	3	专业必修课	钢桥计划	2	专业选修课
水力试验	1	专业必修课	房屋建筑	3	专业选修课
水文学	2	专业必修课	道路计划	2	专业选修课

资料来源：石慧霞.萨本栋传：民族危机中的大学校长[M].厦门：厦门大学出版社，2015：100-101.

（五）注重工程实践教学　培养创新能力

萨本栋校长非常重视对学校图书和仪器设备的投入。当时学校的图书馆在龙山山麓的万寿宫，到 1939 年年底，中外文藏书达到 81465 册，馆内经常订阅的中外文报纸 29 种，中外文杂志 257 种。对于新办的土木工程系，学校采购了经纬仪、水平仪等测量仪器，采购了制图用的模型和工具，订购了一批材料试验、水力试验、电工试验、路材试验的设备。在原长汀中山公园北侧、虎背山南麓修建了土木工程系办公室、教室、制图室，建设了水利实验室、动力室、木工室、设计室、制图室等，建设一座具备模、铸、锻、机、钳和动力等各个工段的实习工厂。条件虽然简陋，却能够基本满足理工科学生的基本操作和训练，对于培养学生的创新实践能力和科学研究兴趣大有益处。

1943级学子袁裕连(右一)在做测量记录

(六)活跃学术气氛　关爱困难学生

在组织好课堂讲授的同时,萨本栋校长十分注意活跃研习气氛,帮助同学们组织成立学术活动社团,其中包括土木工程学会等,活动的内容则包括举办学术演讲,开展学术讨论,出版学术刊物,进行社会服务,开展专业技能训练,组织迎新送旧等。[①]

抗战时期,师生生活艰苦,为了不使学生因经济困难而辍学,学校设立了嘉庚奖学金、林文庆奖学金、刘树杞奖学金、萨师俊奖学金、中正奖学金、各省教育厅奖学金(各省教育厅为奖励该省籍的厦大优秀生而设,由厦大填报,各省核发)、化学奖学金(热心人士捐赠设立)等,对家境贫寒、学行优良、体格健康的学生,可申请免交学杂费等。

① 洪永宏.厦门大学校史:第1卷[M].厦门:厦门大学出版社,1990:205.

(七)大公无私　严格治校

在战火纷飞的艰难岁月,萨本栋校长迎难而上,他租用长汀饭店和附近民房为教职员宿舍,借用专员公署,在北山之麓等处建造新校舍,挖修防空洞,带领几位理工科助教和仪器管理员,把学校分配给他乘坐的专用小汽车的发动机拆下来,改装成照明发电机,并亲自指挥安装电路、电灯,终于使全校大放光明。在战火纷飞的岁月里能够持续不断得到照明,对师生来说无疑是一件"奢华"的美事。

抗战时期物资供应紧张,学校想方设法维持同学们的生活必需品,每日的黄豆餐营养又健康。土木工程系1943级校友谭奔涛回忆说:"每忆及此事感慨万千。当年红军在艰苦年代靠小米加步枪取得了革命的胜利。而我们在战时靠'黄豆加笔杆'顺利地完成了四年学业,诚难能可贵也。"①

萨本栋校长严格治校,纪律严明,被不少人称为"杀不动",形容他为了维护规则,不徇私情。他参照清华大学的做法,规定夫妻不得同在本校工作。他的夫人黄淑慎为北京师范大学体育专业出身,是体育健将标枪名手,因为这条规定,在当时厦大缺少女生体育教师的情况下,他的夫人仍然不能在厦大工作,只能义务指导,免费干活。他的几个堂弟堂妹多次报考厦门大学,因为分数不够,照样不予录取。对于学生,则严把注册关,每学期开学时,学生必须按时注册,迟到就算逾期,一律按休学处理。机电系校友何宜慈回忆说:"抗日战争期间,交通极为不便,有些同学在注册截止后才赶到,不管什么理由,都不能例外注册。他是借此训练学生们未雨绸缪,不存侥幸之心的。"②

(八)厚植家国情怀　服务国家和社会

萨本栋校长经常勉励学生要努力学好本领,为抗战服务,为国家和社会服务。在纪念厦门大学成立17周年时,他把自己的20条信条公布出来与学生共勉,希望学生加紧研究学术和培养技能。多年以后,当年在厦大就读的许多校友仍然对这20条信条如数家珍,视为他们终身信守的座右铭。

---

① 王豪杰.南强记忆:老厦大的故事[M].厦门:厦门大学出版社,2009:202.

② 何宜慈.永怀恩师萨公本栋校长[M]//陈武元.萨本栋博士百年诞辰纪念文集.厦门:厦门大学出版社,2004:142.

萨本栋校长的 20 条信条内容如下：

(1)自奉应俭约，工作应紧张，但不可伤及营养或害及卫生。

(2)对于国魂所寄托事业，资助务必慷慨。

(3)不应互相攻讦，做出为“亲者所痛，仇者所快”的事情。

(4)在艰危中，须特别努力份内职务，务求无负陈嘉庚先生毁家兴学，及政府将厦门大学收归国立之至意。

(5)应先用客观的态度，观察并分析民众的痛苦，以作课余假中下乡训练民众的指南针；要记得衣食足而后知廉耻。

(6)对于正在试做中，而成绩尚未表现的事业，千万不要大吹大擂。

(7)举办一事，不要以首创者自诩；做完一事，不要以成功了自满，应牢记本校校训“止于至善”。

(8)居于任何行政地位，应蹈规守法，切勿破坏行政系统。

(9)到了一个新地方，要先了解当地的风土人情，再谋改革方法，不要自视太高，目空一切。

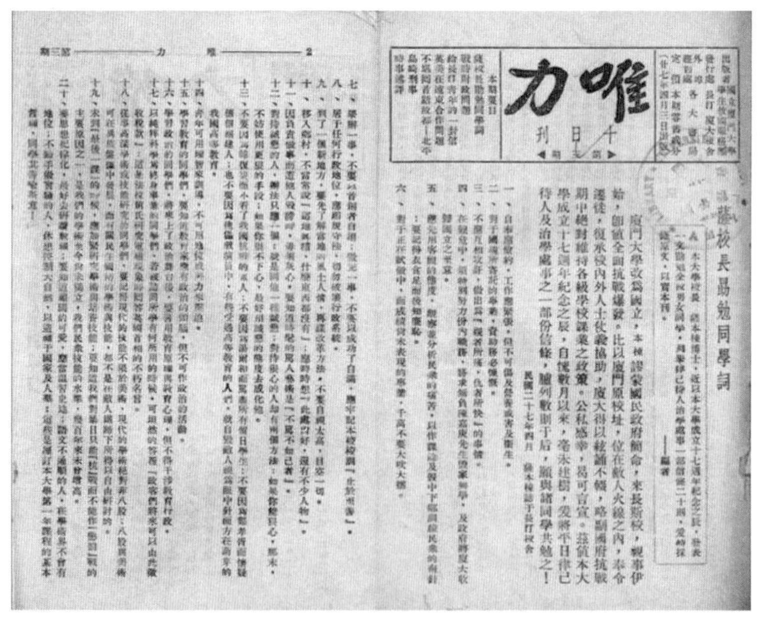

唯力

十日刊

薩校長勗勉同學詞

廈門大學改爲國立，本棟謬蒙國民政府簡命，來長斯校，視事伊始，即値全面抗戰爆發。比以廈門原校址，位在敵人火線之內，奉令遷徙，復承校內外人士仗義協助，廈大得以絃誦不輟，略副國府抗戰期中絕對維持各級學校課業之政策。公私感幸，曷可言宣。茲値本大學成立十七週年紀念之辰，自愧數月以來，毫未建樹，爰將平日律己待人及治學處事之一部份信條，臚列數則于后，願與諸同學共勉之！

民國二十七年四月　薩本棟誌于長汀校舍

厦门大学在长汀期间出版的刊物《唯力》刊载了萨本栋校长的 20 条信条　图片来源：官鸣.厦门大学与长汀县的校地情缘[N].厦门大学报，2020-04-03(7).转引自厦门大学校友总会网站.

(10)移入乡村,不当常说“这地真糟,什么东西都没有”;应时时想“此处尚好,还有不少人物”。

(11)因负责做事而遭他人毁谤时,毋须灰心,要知道时髦的骂人艺术是“不骂不如自己者”。

(12)对待诚恳的人,办法只应一个:就是同他一样诚恳;对待狠心的人却有两个办法:如果你能狠心,那么,不妨使用更狠的手段;如果你狠不下心,最好用诚恳的态度去感化他。

(13)不要因为韩复榘而小看了我国抗战的军人;不要因为汤尔和而骂尽所有留日学生;不要因为郑孝胥而怀疑个个福建人;也不要因为傀儡戏演员中有些受过高等教育的人们,就自毁敌人视为眼中钉而方在萌芽中的我国高等教育。

(14)青年可用理智来训导,不可用地位或势力来压迫。

(15)学习教育的同学们,要知道教育家应有政治的头脑,但不可做政治的活动。

(16)学习政治的同学们,将来上了政治舞台后,要善用教育原理与教育心理,但不得干涉教育行政。

(17)以纯粹科学为终身事业的同学们,若被诘问所学有何所用的时候,可坦然地答复“政客们将来可以由此征收税款”,这是法拉第氏研究电磁现象时回答英国首相的不朽名言。

(18)从事高等学术或技能研究的同学们,要记得现代的技能不限于美术,现代的学术绝对非八股;八股与美术可在异族盘踞中发展,而有关民生国防的学术与技能,都不是敌人铁蹄下所得以自由研讨的。

(19)未到“最后一课”的时候,应加紧研究学术与培养技能;要知道我们对暴日只能“抗”战而不能作“惩罚”战的主要原因之一,是我们的学术至今尚未独立,我们民众技能的水准,几百年来未曾提高。

(20)要思想纪律化,最好去研究数理;要知道祖国的可爱,应当温习史地;语文不通顺的人,在学术界不会有地位;不动手做实验,休想控制大自然,以造福于国家及人群,这些是厘定本大学第一年课程的基本哲理,同学其善喻斯意!

在战火中办学的厦门大学及其土木工程系蓬勃发展,声名鹊起。1939 年 7 月7 日,周辨明在《唯力》旬刊撰文《两年来的厦大》,认为增设土木工程系“是一件值得注意的创举”,“国立后的本校的增设土木工程系,正是应了大时代的迫切的要求”。土木工程系在当时的厦大是很有影响的重点学系之一,师资力量雄厚,人才培养成效显著。1940 年,土木工程系方文煜同学在全国性学业竞试乙类(学业竞赛分为甲乙丙三类,甲类为一年级学生国文、英文、数学三科竞试,乙类为二、三年级学生各科系主要科目竞试,丙类为四年级学生毕业论文竞试)竞试中获奖,为厦门大学获得良好声誉做出了贡献。

(九)人才培养硕果累累　英才辈出

在萨本栋校长治理下的厦门大学及其土木工程系,人才辈出。土木工程系当年招收的学子,不少人后来成长为著名的科学家、工程专家、革命志士。兹将部分校友简介如下:

曾国熙

曾国熙,1939 级校友,教授。1918 年 2 月出生,福建泉州人,浙江大学教授、博士生导师,国内外著名岩土工程专家。1943 年毕业于厦门大学土木工程系,1948 年获得美国西北大学土木系奖学金赴美留学,专攻土力学,1950 年获美国西北大学硕士学位,毕业后曾在芝加哥的土工试验服务公司(STS)任首任工程师。抗美援朝爆发后回国,任厦门大学副教授,开设“土力学”课程。1953 年到浙江大学土木工程学系任副教授、教授,在浙大开创并发展“土力学”和基础工程学科,1979—1984 年任系主任。曾任国务院学位委员会土木、建筑、水利学科评议组成员(1981 年、1982 年两届),浙江省政协委员(第四、五、六届),浙江大学校务委员会委员,1981 年经国务院批准为首批岩土工程专业博士生导师。据清华大学李广信教授在《我的土力学生涯》中回忆说:“我国第一批岩土工程的博士,陆续在 1983—1985 年期间答辩。我国首批岩土工程博士有龚晓楠、张道宽和李广信 3 人,导师分别是曾国熙、卢肇钧和黄文熙三位先生。”[①]曾国熙先生在学界的地位可见一斑。

---

① 李广信.我的土力学生涯[EB/OL].(2019-05-18)[2020-05-10].http://electrokinetic.cn/? p=494.

林幼堃

林幼堃，1941 级校友，美国工程院院士，教授。1923 年 10 月出生，福建闽侯人。1938 年考入福建工程学院前身“福建高工”土木科（三年制），1941 年考入厦门大学土木工程系，1954 年秋前往美国斯坦福大学土木工程研究所攻读结构工程，1957 年春获该校哲学博士学位，1960 年至 1984 年任伊利诺伊大学航空航天工程系教授，1984 年至今任佛罗里达大西洋大学“希密德杰出学者讲座”教授。2000 年当选为美国国家工程院院士，2001 年当选为俄国国家工程院外籍院士。林幼堃院士曾多次回校举办南强学术讲座等学术活动，于 2006 年在我院设立了“Y.K. LIN 院士奖学金”，奖励建筑与土木工程学院的优秀学子。

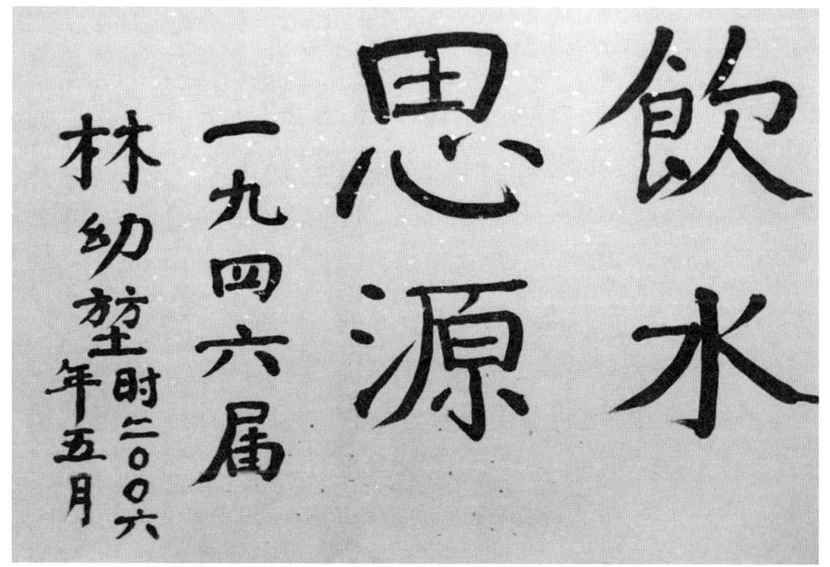

2006 年，1946 届土木工程系校友、美国工程院院士林幼堃回访母校时题词

2011 年 4 月 8 日，1946 届土木工程系校友、美国工程院院士林幼堃(右)回访母校开展南强学术讲座时，厦门大学副校长赖虹凯(左)向其授予南强学术讲座牌并合影留念

卢衍祺

卢衍祺，1941 级校友，教授。1922 年出生，福建永定人。1941 年考入厦门大学土木工程系，是国际著名流体力学家、土木工程建筑学家，台湾大学著名教授，与他的大哥中国科学院院士卢衍豪一样蜚声科技界。1951—1965 年，曾协助台北市、高雄市等地的自来水工程建设的设计工作。1965—1990 年，他执笔出版的专著有《流体力学》《土木工程》《钢筋混凝土》3 部，论文有《含滓水流云基本方程式》《辐射渠流云基本方程式》《水力学在最近 60 年来之发展》等 40 余篇，其中前两篇论文获中国土木工程学会论文一等奖。1972—1990 年曾被任命为台湾地区“考试院”考试委员。1990 年退休，同年 10 月即回访母校 4 天。

吴自迪，1943 级校友，青藏铁路总体设计负责人，著名铁路选线专家，中国工程勘察大师。1926 年 2 月出生，江西南昌人。1947 年毕业于厦门大学土木工程系，获学士学位。1952 年抗美援朝，参加中朝新建铁路工程指挥部工作，经历了战火的考验。1955 年随东北设计分局第一勘测总队调到西北设计分局(铁道部第一勘测设计院前身,简称“铁一院”)。在大西北,转战戈壁荒漠,三上青海,在条件艰苦的青藏高原先后工作生活了 10 余年,将青春和才智献给了陕、甘、宁、青、新、藏以及内蒙古的大片热土。1955 年至 1966 年间,担任青海至酒泉线总体设计负责人和总队副总工程师,1964 年担任青藏线的总体设计负责人;1974 年至1980 年,担任铁一院二、三总队副总队长、总工程师。主持了我国第一条盐湖铁路、第一条高原铁路的勘测设计工作。1981 年年初,任铁一院副总工程师,从西北到东南沿海的多条铁路都有他指导、审查、优化线路方案的智慧结晶。1981 年还参加了宝成铁路的抗洪抢险,亲赴洪水刚过的灾害现场,研究抢修方案。他为中国铁路的建设事业做出了卓越的贡献,荣获“第四届詹天佑铁道科学技术奖”。

吴自迪

吴自迪(右)与家人合影

陈振苍,1943 级校友,人民大会堂建设工程 40 名设计施工工程师之一。1925 年 6 月出生,福建漳平人。1943 年就读于厦门大学土木工程系。曾在新加坡和印度尼西亚巨港、万隆等地华侨中学任教。20 世纪 50 年代初回国,任中

陈振苍

国华侨建筑工程公司总工程师、北京建工集团建筑工程研究院主任工程师。20世纪50年代末曾参加北京人民大会堂等重大工程设计，是人民大会堂建设工程40名设计施工工程师之一。

洪敦枢

洪敦枢，1943级校友，教授。1923年9月出生，福建南安人。1947年毕业于厦门大学土木工程系后留校任教，1952—1958年，任厦大修建部主任，1960年调往福州大学任教，曾任福州大学土木工程勘察设计研究所所长、教务处处长等职。1986年调任厦门大学建筑系教授、厦门大学建筑设计研究院代院长，享受国务院政府特殊津贴。1990年9月退休，2000年向学院图书资料室捐赠图书330册，2016年8月9日逝世，享年94岁。

郑世斌

郑世斌，1943级校友，副师长。1947年毕业后分配到浙赣铁路局工作，1952年5月调到中国人民解放军铁道工程师担任桥梁工程师，参加大兴安岭牙林线的新建工程。1953年年初，抗美援朝担任抢建任务。1954年回国后，先后参加鹰厦线、包兰线的新建工程及海南岛环岛安游黄流段和石碌八所线的修复工程。1964年参加三线建设，参加贵昆线、成昆线、襄渝线及青藏铁路的新建工程。离休前调到石家庄铁道兵工程学院任副师级教员。先后担任过技术副团长、团总工程师、师技术科长、师总工程师和副师长，高级工程师。

谭奔涛，1943级校友，教授级高级工程师。1947年毕业后分配到粤汉铁路工作，1956年参加铁道部援越整修队到越南工作，负责河内至睦南关铁路全线整修的设计工作。1970—1972年在湘黔枝榔铁路指挥部参加三线工程施工。1975—1976年由铁道部派往坦桑尼亚坦赞铁路中国专家组，参加工务方面的技术合作和监管业务，经正式移交坦赞铁路局后回国，在广州铁路局工作。技术职称为教授级高级工程师，1989年退休。

谭奔涛(右)与家人合影

王梓材

王梓材，1943级校友，教授级高级工程师。中华人民共和国成立前在厦门英华中学和厦门港埠工程处工作，1950年任龙溪水利工程处技术员，1952年起调到福建省水利局、省设计院、省九龙江规划队等单位工作到1970年，先后完成厦门海堤初建、龙岩汤侯渠、晋江金鸡渠、同安汀溪水库、木兰溪、晋江、九龙江及全省水利规划等设计规划工作，1956年任工程师。1970—1980年下放，负责云霄向东渠和华安水电站设计施工，获得全国科技大会和水电部奖励。1980年调到漳州市水电设计院任主任工程师、总工程师。1982年被评为高级工程师，1988年被评为教授级高级工程师，1987年退休任技术顾问2年。曾被选为福建省第五、六届人大代表。

赵传苹

赵传苹，1943级校友，教授级高级工程师。1947年毕业后到浙江省水利局工作任技佐，1949年5月杭州解放后继续留用在水利局任佐理工程师，1953年晋升为十级技术员，1956年任八级工程师，1964年正式编入水利施工队伍，1983年被评为高级工程师，1990年被评为教授级高级工程师。

匡思澄，1943级校友，教授级高级工程师。1947年毕业后到江西太和中学任教，1949年6月任该校校长，1950

年1月，应东北人民政府招聘团赴沈阳，被分配到东北工业部基建处任技术员、助理工程师、工程科科长，1952年9月，随东北工业部成建制合并到中央冶金工业部基建四任工程师、科长，1958年1月调到成都无缝钢管厂工作，曾任设计科科长、基建处处长、主任工程师、高级工程师、教授级高级工程师。1988年10月荣获“四川省首届老有所为精英”荣誉称号，1990年3月被成都市选聘为政府兼职参事。

匡思澄

丰定国，1943级校友，教授。1924年9月出生，上海宝山人。1947年毕业后留校任教，1953年全国院系调整，被分配到青岛工学院土木系任教，1956年随校内迁到西安建筑科技大学任教直至退休。长期从事结构工程教研工作，在结构的强度与稳定、建筑结构的抗震性能与加固、建筑结构隔震等方面发表论文70余篇，著有《木结构》《工程结构抗震》等书，研究成果曾获全国科技大会奖，多次获得省部级奖励。1985年荣获冶金部抗震防灾先进工作者称号，1990年获国家教委荣誉证书，1993年获国务院政府特殊津贴，并入选英国剑桥国际传记中心第23版《国际名人辞典》。

丰定国

杨昆，1943级校友，新疆维吾尔自治区计划委员会原副主任。1924年2月出生，江西宁都人。1948年毕业于土木工程系，后在南昌一中任教，1949年7月进入八一革大学习，10月被分配到南昌大学工作，12月征得组织同意，自愿随军到新疆，1950年进新疆后被分配到军区后勤运输部参加苏联援建项目汽车修配厂的建设，后来转到军区工程处、生产建设兵团工程处工作，在极其艰苦和复杂的环境下，同全军指战员一起铸剑为犁，艰苦奋斗。1955年集体转业，1956年8月加入中国共产党，1975年调到新疆维吾尔自治区建委工作，1983年在新疆维吾尔自治区计划委员会工作，曾任党组成员、副主任，1986年被选为新疆维吾尔自治区人大代表、人大常委会委员，直至1998年1月光荣离休。

杨昆(左)与家人合影

纪华盛,1944级校友,地下党员,厦门鼓浪屿区原区长。1924年8月出生,1947年在厦大参加闽西南地下党(属闽粤赣区党委),1948年毕业于厦门大学土木工程系,1949年在厦门市立中学教学。1949年5月任中共厦门临时市委(闽西南)组织委员,1949年8月,地下党员、厦大土木工程系学生林通富和茹民德暗中复制了厦门碉堡分布图和结构图,交给时任中共厦门临时市委宣传委员的廖开治,廖开治把图纸交给了纪华盛,纪华盛买了个热水瓶将内胆取出,将图纸包在内胆外面之后再装回热水瓶内,交给组织。正是这些重要的碉堡图纸,避免了厦门解放战斗中同志的过多牺牲。1949年10月任厦门市委组织部干事,1950年至1992年,历任鼓浪屿区区长,厦门建筑公司经理,福建省建筑工程局处长、副局长、党委书记,1992年7月离休。2019年12月,他把积攒了20多年的全部积蓄,都捐给了母校厦门大学。他说:"积攒了二十几年的退休金,凑齐这100万捐了,我没有我的同学们那么有钱,希望母校不要嫌弃。本来想等到母校百年校庆的时候,再捐出这笔钱为母校献礼,但是我怕等不到那一天了……"

2016 年 4 月，纪华盛校友回母校参加 95 周年校庆

刘鸿文，1944 级校友，浙江大学教授。1924 年 7 月出生，河北沧州人。1948 年毕业于厦门大学土木工程系并留校任校，1953 年调至浙江大学力学系任教，长期从事固体力学教学工作。曾任教育部教材编审委员会委员，国家教委（教育部）工科力学课程教学指导委员会主任委员兼材料力学课程教学指导组组长，浙大力学系主任、航天航空学院副院长。1989 年被授予全国优秀教师，1991 年起享受国务院特殊津贴。杭州市第六届人大代表，浙江省第四届政协常委，全国政协第六、七、八届委员。

刘鸿文

三、战后继续发展　再续辉煌

（一）土木工程系对学校复员厦门、重建校园做出贡献

抗日战争结束后，1945年9月19日，汪德耀教授被正式任命为厦门大学校长（1944年萨本栋校长赴美讲学起被任命为代校长），决定将厦门大学从长汀迁回厦门。汪德耀校长组织成立了厦大复员委员会，下设交通、图书、仪器、员工及眷属、学生、其他公物等组，由彭传珍、谢玉铭、朱家炘、肖贞昌、陈德恒、王敬立为召集人。受学校委派，土木工程系讲师方虞田于同年9月到厦门勘察学校的校舍情况，以便安排复员计划。

复员计划实施并不顺利，主要原因是厦门大学原校址在敌人占领期间损毁严重，相对完好的校舍在战后被用作日俘集中营，第三战区厦门接管组以“厦门除厦大外无一适当地点可容此多数日俘”为由，拒绝归还厦大校舍。[①] 1945年12月17日，汪德耀校长偕同土木工程系教师方虞田来到厦门，拜访了厦门市市长等领导和部分校友，希望收回厦大校舍，得到市政府大力支持。12月18日，汪校长前往第三战区厦门接管组，拜访李组长，交涉将日俘迁出校舍事宜，同时勘察了厦大校舍损毁情况，生物院大楼、化学院大楼、笃行、白城教工宿舍26栋、发电厂、餐厅、医院、植物园等几十栋校舍被夷为平地，损失估计在国币40亿元以上，折合当时的美金约115万元。博学楼、映雪楼则需要大修，群贤楼、集美楼、同安楼、囊萤楼保存相对完好，进行添补门窗等修缮即可。学校的设备、标本、图书等损失约78万元，相当于私立时期三年的经常费。[②] 有鉴于此，短期内回厦大原校址复课已无可能，学校暂借鼓浪屿英华中学、田尾小学，征用日本小学旭瀛书院、日本博爱书院、日本总领事馆及八卦楼等为厦大校产，12月24日，一年级新生在鼓浪屿得以开学。

1946年2月，学校撤销原复员处，成立驻厦复员办事处，彭传珍任主任，土木工程系方虞田兼任工程股干事，继续推进全校回迁厦门的相关工作。经过多方协调和充分准备，1946年6月1日起，长汀厦门大学开始迁回厦门，长汀各界

---

① 洪永宏.厦门大学校史：第1卷[M].厦门：厦门大学出版社，1990：232.

② 洪永宏.厦门大学校史：第1卷[M].厦门：厦门大学出版社，1990：233.

在体育场举行欢送大会，赠送大匾额一块，上刻“南方之强”四个大字，师生迁回厦门原校址，土木工程系的师生也回到了厦门。直到 11 月 13 日，全校复员厦门工作完成。

(二)迅速招收新生，引进师资，添置设备，恢复教学秩序

在安排准备复员厦门的同时，1945 学年厦大录取新生 436 名，其中土木工程系 28 名。汪德耀校长同时注意引进师资，土木工程系引进了李谦若教授。李谦若是著名土木工程和测量专家，1907 年赴美国康奈尔大学土木工程系留学，1911 年获学士学位后回国参加辛亥革命，受聘于铁道和水利部门，1930—1945 年在交通大学历任教授、土木工程学院院长、系主任、教务长，1946 年受聘担任厦门大学土木工程系主任。

土木工程系当时引进的部分教师如下：

李兆源，1905 年 2 月—1991 年 7 月，江苏江都人，受聘时为国立西北工学院教授。1932 年 9 月毕业于上海交通大学土木学院结构组，1949 年 10 月参加工作。中华人民共和国成立前历任津南铁路工程员，淮南盐地清大队副队长，京赣线工务员、桥梁设计师工程师等职。1949 年 10 月至 1951 年 7 月任厦门大学土木系教授，1951 年 8 月至 1954 年 8 月在西北工学院任教授兼系主任，1956 年 8 月调入西安建筑工程学院任教。

李兆源

罗孝登，1904 年 9 月 10 日出生，福建福州人，教授，受聘时为福建省土木工程局工程师。1928 年毕业于交通大学唐山工学院土木系。曾任河南省建设厅、福建省土木工程局工程师。1943 年受聘厦门大学，历任副教授、教授，土木系主任。1953 年调至同济大学，历任教授、土木系主任。1960 年调至福州大学，任土建系主任。1962 年后历任福建省建设厅科研所所长、华侨大学土建系主任、福建省政协常委等职。福建省土木学会第一届副理事长，中国民主同盟盟员。长期从事公路、桥梁、城市建筑方面的设计和教学工作，合编《道路设计》《城市交通运输》等，享受政府特殊津贴。1995 年逝世。

王文修，教授，受聘时为吉林小丰满水电工程处工程师。

居滋福，受聘时为工程师，美国康奈尔大学土木工程硕士。

复员厦门后，经过 3 年的努力，厦大理工学院由原来的 5 个系发展为 8 个系，师资力量不断增强，办学规模越来越大，理科和工科分开办学势在必行。学校报国民政府教育部批准后，于 1948 年 7 月将理工学院拆分为理学院和工学院。土木工程系自然划归到工学院，其时工学院下设土木工程系、机械工程系、电机工程系、航空工程系共 4 个学系。

在实习实践方面，土木工程系成立了测量实习队。据校史记载，应中国台湾基隆港务局的邀请，于 1948 年夏天组织了 1945 级 33 名学生，由讲师林梦雄、方虞山带领，到台湾测量基隆港。7 月 1 日起开始踏勘，2 日起展开工作，克服台风侵袭、炎炎烈日等困难，用 20 天的时间完成了导线测量和水平测量，接着又进行三角测量、细部测量和港深测量，选定基隆市第 15 号至 18 号码头为基线地点，选定东防波堤、西防波堤、仙洞山峰、15 号码头、18 号码头、海水浴场附近滩头、二沙湾附近山地等为大地测量的三角点，测量各点间相互关系及角度，历时 70 多天，保质保量完成了测量任务，受到基隆港务局、学校和学院的一致好评。[①]

（三）人才培养结硕果

这一时期学校的工科设备充实，师资力量雄厚，人才培养质量高，在工程界享有较高声誉，争相延揽，有“交大第二”的美誉。

土木工程系作为学校的工科大系，培养的工程人才为祖国的解放和建设发挥了重要作用。部分校友简介如下：

廖开治，1945 级校友，地下党。1949 年 6 月，时任中共厦门临时市委宣传委员的廖开治得到消息，国民党驻军决定构筑环岛防御工事，急需一批技术人员当监工员，廖开治立即布置土木工程系地下党员参加这项工程，借此收集军事情报。参加这项工程的地下党员林通富和茹民德在工程完工时，把鼓浪屿和厦鼓海峡及高崎沿海碉堡位置、结构和数量掌握得一清二楚，并且绘成《碉堡分布图》交给廖开治。廖开治立即赶往开禾路 125 号临时市委机关，交给组织委员纪华盛。后来，通过地下交通员陈光培（厦大数理系学生），冲破敌人重重封锁线送到

---

① 洪永宏.厦门大学校史：第 1 卷[M].厦门：厦门大学出版社，1990：255.

漳州程溪地下交通站转交中共闽南地委，又由地委交给参加解放厦门的第三十一军。

邱建平，1945 级校友，福建省建委原主任。

汪如泽，1945 级校友，教授。1924 年 4 月出生，福建龙海人。浙江大学土木工程系教授、水利教研室主任、城建教研室主任。曾任水利部、水利电力部高校水利类、水利水电类教材编委、教委，中国大百科全书《水利卷》水力发电分支编委，浙江省经济规划院咨询委员，浙江省海洋学会理事，浙江水力发电工程学会常务理事、名誉理事。

樊承谋，1945 级校友，教授，我国著名木结构专家。1926 年 2 月出生，浙江温州人。1949 年毕业于厦门大学土木工程系，1949 年 6—9 月在浙江温州军管会工作，1949 年 9 月—1950 年 3 月在东北财经委员会任技术员。1950 年 3 月—1959 年 5 月在哈尔滨工业大学从事教学和科研工作，其间在哈工大研究生班学习，师从哈工大原苏联专家组组长卡冈教授从事木结构研究，并于 1957 年在研究生班毕业；1959 年 5 月—1998 年 5 月在原哈尔滨建筑大学工作，先后任教务处处长、建筑材料系主任等职。1978 年晋升为副教授，1982 年晋升为教授。曾任国际标准化组织木结构技术委员会中国常驻代表、全国木材及复合材料结构标准技术委员会副主任等职。樊承谋在木结构的教学、科研长期处于停顿状态的大环境下，始终坚持对木结构的关注和研究，被誉为我国木结构的“末代皇帝”。（注：樊承谋教授图片作者为陈莉莉，资料来源：哈尔滨工业大学土木工程学院网站）

樊承谋

陈章琛，1946 级校友，教授级高级工程师。1928 年 8 月出生，福建长乐人。1950 年毕业于厦门大学土木工程系，毕业后即投身于农田水利与土地勘测利用事业。20 世纪 50 年代至 60 年代，他参与并主持了农田水利工程规划设计，以及土地勘测和土地利用规划、设计与教学工作。1956 年获黑龙江省农业水利系统先进工作者银质奖章。20 世纪 70 年代参加了黑龙江省引嫩工程规划设

陈章琛

计和施工，三江平原规划和七星河治理工程设计，连年被评为黑龙江水利勘测设计院先进工作者。1980年到中国农业工程研究设计院，1983年晋升为高级工程师，并担任副总工程师，1986年加入中国共产党，1989年晋升为教授级高级工程师。

林绣贤，1947级校友，研究员，著名道路工程专家。曾任原交通部上海公路工程研究所副所长、同济大学道路与交通工程研究所所长、同济大学研究员。长期从事道路工程的教学、科研和管理工作，耕耘杏坛几十载，德高望重，业务精深，为人师表，提携后辈，在我国柔性路面设计和路基与路面材料参数设计方面研究取得重要突破，分别获得国家科技进步奖，为同济大学和我国道路工程学科的发展做出了重大贡献。培养的学生包括港珠澳大桥总负责人朱永灵。

高有潮，1947级校友，教授。曾任福州大学土木建筑工程系首任系主任、地基教研室主任。

龚崇准

龚崇准，1947级校友，教授。1926年出生，福建福州人。1951年毕业于厦门大学土木系，1958年毕业于莫斯科建筑工程学院研究生部。曾任河海大学水港系、航运及海洋工程系副主任，水利水电科学研究所所长，交通部"全国高校港口协会"及"中国海洋工程学会"理事。长期从事港口、航道及海岸工程教学和科研工作。"广东核电站港口和取排水口布置方案研究"项目获能源部及国家科技进步一等奖，另获部省科技进步二等奖2项、三等奖4项，获"江苏省优秀教育工作者"、"江苏高校先进科技工作者"及"支援连云港市有功科技工作者"称号。曾为广东大亚湾核电站、连云港、天津港等80余项工程进行过研究工作。指导硕士生12名。

（四）提前毕业

1949年4月21日，中共中央主席毛泽东、中国人民解放军总司令朱德发布向全国进军的命令，国民党军全线溃败，纷纷南逃，国民党福建省政府决定撤到厦门，选中厦大作为省政府逃厦的驻所，电令厦大提前结束教学，学校被迫于5月15日结束学期教学活动，16日开始期末考试。为了保护学校，防止外力侵入，地下党组织通过学生自治会理事会，决定以“学业成绩提前结束，学期不提前结束”为原则，开展护校斗争，向代校长陈朝璧提出建议：一是学期成绩尽量在三天内办理结束，使家乡受战事影响的同学可随时回家，成绩以期中考试成绩、笔记、讲义、习题等方式评定，二是学期不提前结束，无法回家或希望留校的同学可以照常上课，这些建议学校虽没有采纳，但得到大部分教授的支持，在实际上得到实施。[①] 1949 年 5 月，全校应届（第二十四届）毕业班学生 294 人提前毕业，其中土木工程系毕业 26 人。

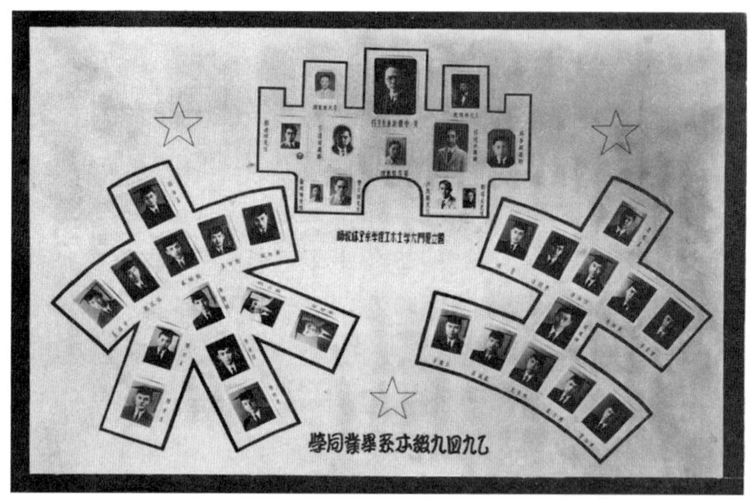

1949 届土木工程系毕业生照片（疑 1 人未拍照或留存照片）

四、支援台湾宝岛建设做出重大贡献

抗日战争结束后，台湾回归祖国。台湾与厦门语言相通，习俗相同，特别欢迎厦门大学毕业生赴台工作。厦大毕业生对去台湾工作也十分感兴趣，据厦大台湾校友沈祖馨在《厦大 70 周年校庆特刊》的《发刊感言》中记载，仅 1941—1945 级厦大赴台毕业生就达 300 多人，占这一时期厦大毕业生总数的 35%。鼎盛时期，全台共有厦大校友 400 多名，他们分布在政、法、工、矿、商、军、教育及自由职业各界。值得一提的是，他们大都没有特殊背景，多半从低中级干部做起，

① 洪永宏.厦门大学校史：第 1 卷[M].厦门：厦门大学出版社，1990：306-307.

而后逐渐高升，不少后来当了主管，负责经营行政。厦大重实务的质朴校风对校友影响深远，得以栽培台湾300余名坚守岗位、务实发展的中坚力量。他们的到来，为台湾的早期社会重建发展奠定了坚实基础，对后续台湾经济腾飞跻身“亚洲四小龙”做出了突出贡献。①校友们工作的地点分布在基隆（19人）、嘉义（7人）、台南（17人）、高雄（23人）、屏东（8人）、花莲（8人）、台中（21人）、台北（236人）、新竹（9人）等台湾各地，在各机关部门69人，台湾地区“议会”“防务机构”“立法机构”6人，学校80人，文教、出版行业11人，司法、律师行业7人，电信、电力行业51人，港务、水利、造船、建筑行业39人，石化、钢铁、水泥行业23人，民营企业21人，银行、保险行业19人，交通行业12人，糖业8人，高科技行业2人。②他们带着一颗诚心为台湾服务，能自爱，能爱人，“担当起为台湾的教育、心理建设的艰巨工作，作更大的努力，把台湾改造为祖国化，使她永远成为中国的一个环节”。②

土木工程系的师生也积极响应国家和学校的号召，有40多名师生赴台工作，在台湾公路、铁路、海港、水利等发挥重要作用，为繁荣台湾经济做出重大贡献。

在港口建设方面，土木工程系1938级校友林言，1939级校友江柏生、王国光，1940级校友林中桎，1941级校友尉迟铮、章家粢、林幼堃，1943级校友王之槐，教师王俊、徐人寿等赴台工作。王国光曾任基隆港总工程师，章家粢曾任台中港总工程师，土木工程系教授徐人寿到基隆出任港务局局长，长达17年，土木工程系教师王俊到基隆港务局任高级主管20年。

20世纪60年代末至70年代，台湾开展了“十大建设”工程，其中有一项是台中港的建设。1941级校友章家粢出任台中港筹备处副主任，后来任副总工程师直至工程完工，1977年出任台中港总工程师。校友林幼堃、王之槐等均为台中港项目建设中的专家或管理俊才，林幼堃后来成长为美国工程院院士。这些校友对台中港的建设做出了巨大贡献。

---

①② 他们是台湾光复后的重建基石——解密1945—1949年厦大校友赴台始末[J].台海杂志，2019年4月8日.

② 洪永宏.厦门大学校史：第1卷[M].厦门：厦门大学出版社，1990：266.

厦大土木工程系校友章家棨主持建设的台中港现貌

资料来源：他们是台湾光复后的重建基石——解密 1945—1949 年厦大校友赴台始末[J].台海杂志，2019 年 4 月 8 日.

在公路建设方面，由于战争原因，台湾的公路损毁严重，恢复公路交通成为台湾光复后百废待兴的第一要务。先后有 5 名土木工程系校友在台湾公路局担任主要负责人，分别为 1941 级校友杨廷英担任台湾公路局副局长、总工程师，1941 级校友尉迟铮担任台湾高速公路局副总工程师，1944 级校友叶桑担任公路局副局长，1945 级校友严启昌担任公路局局长，1945 级校友林发枝任公路局总工程师，在台湾公路建设中发挥了重要作用。到了 20 世纪 70 年代，台湾公路经拓宽改造为双车道达到 6200 千米，四车道的有 1500 千米，村村通道路，跟光复初期相比，发生了翻天覆地的变化。1945 级土木工程系校友林发枝认为，参与台湾公路建设工作的厦大毕业生大部分是土木工程系毕业，他们将厦大所学的专业知识充分应用在台湾公路的工程规划、设计、施工、业务、管理、研究发展等各个方面，因此才做出了突出的成就。南北高速公路(中山高速公路)是台湾 20 世纪 60 年代末至 70 年代的“十大建设”工程之一。

由于年代久远，兹将目前查证到的有详细资料的在台湾公路建设中做出突出贡献的 2 位校友介绍如下：

严启昌，1945 级校友，教授，台湾地区公路局原局长。1925 年 12 月出生，福建连江人。1945 年就读于厦门大学土木工程系，是连战先生 2006 年厦大演讲中提到的 4 个厦大著名校友之一。1950 年起历任台湾地区公路局工务员、各级工程师、工务段长、测量队长。1964 年至 1966 年 8 月任北部横贯公路桥梁工务所主任。1966 年 8 月任公路局新建工程处副处长，1971 年升任处长。1970 年起，先后受聘任淡江大学及中原学院土木系副教授、教授，讲授"公路工程"及"预应力混凝土"等课程。1978 年 10 月任台湾地区公路局规划处处长，后转任公路局副总工程师兼主任秘书，1982 年 6 月任总工程师，同年 9 月任公路局副局长，1984 年 8 月升任局长。1990 年至 1992 年任台湾地区交通处处长。1992 年 12 月，获国民党提名当选两届不分区"立委"。

严启昌

黄仰贤，1945 级校友，教授。1945 年就读于厦门大学土木工程系，1949 年毕业后由厦门大学推荐进入台湾地区建设厅公共工程局工作。1950 年秋，台湾举办首次公务人员考试，黄仰贤先生获取高等考试第一名。1951 年年初，公路局升黄先生为帮工程司。1952 年，黄先生参加公费留美考试，通过后于 1953 年 3 月赴美，由美国联邦公路总局安排，先后在联邦公路总局、阿肯色州公路局、密苏里州公路局、弗吉尼亚州公路局及联邦材料试验室共实习一年。1954 年 3 月返台，先在公路材料试验室工作，稍后奉派参加公路西部干线沥青路面铺设工程，担任该工程的视察工程司。1955—1961 年任台湾地区道路工程课课长，在制定道路工程标准图、中部横贯公路改线测量、台湾公路标准规范制定等方面做出巨大贡献。1961 年赴美国弗吉尼亚大学就读，1963 年获土木工程硕士学位，1966 年获弗吉尼亚大学博士学位。1967 年受聘为美国肯塔基大学助理教授，1969 年升为副教授，1975 年晋升为正教授，兼任土木研究部主任。2015 年 3 月 19 日，学院收到黄仰贤校友捐赠的其著作 *LEAME Software and User's Manual—Analyzing Slope Stability by the Limit Equilibrium Method*。

在水利建设方面，战后的台湾急需大批基层工程师。1948 年，台湾地区向厦门大学发出邀请，希望厦大给予支持。学校选派了严家骙、陈振安、陆允煦、王用奇共 4 名土木工程系 1948 届应届毕业生赴台工作，除王用奇赴台后不久因病逝世外，其余 3 人均长期致力于台湾水利事业，为台湾水利事业做出重大贡献。严家骙推演的计算洪水量的公式被称为“严氏台湾洪水公式”，至今仍然被台湾水利、农林、电力等各界所采用。严家骙后来成长为国际知名的土木工程学家。1967 年，严家骙以水文专家身份应聘在维也纳的联合国原子能机构工作，退休后定居奥地利。陈振安主要从事水力发电的开发工作，负责施工技术部门，他领导团队参考外国工程文献，结合台湾实际，首创多种施工方法，开台湾采用喷凝土于隧道之先河，提高了开挖速度，降低了施工风险。为了开发水电，他曾在深山工作了 20 年，长期与家人分居，为台湾水电事业奉献了毕生精力。陆允煦在台湾屏东工程处工作了 15 年，主要为台湾水利计划做技术服务和技术输出工作。

严家骙与家人合影（左一为严家骙，左二为冰心；严家骙是冰心的外甥）
资料来源：苏林华.作家冰心与萨本栋校长[EB/OL].(2017-05-25)[2020-06-10].https://alumni.xmu.edu.cn/info/1020/2078.htm.

在电力建设方面，台湾光复初期，岛内电力供应几近瘫痪，台湾几乎变成了“黑暗之岛”。国民政府接管台湾后，很快成立了台湾电力公司，抓紧修复电力设施。来自厦门大学机电系、土木工程系、数理系、会计系等各系共 39 人入职台湾电力公司,各施所长,为台湾电力发展保驾护航,做出了重要贡献。台湾的核能发电厂是台湾 20 世纪 60 年代末至 70 年代的“十大建设”工程之一,这些校友发挥了核心作用。

在教育事业方面,台湾战后教育师资紧缺,厦门大学同样给予了大力支持。土木工程系 1947 届毕业生卢衍祺赴台从事教育工作,后来成长为台湾“考试委员”(1972 年 9 月,由蒋介石提名,经台湾“考试院”选举,卢衍祺当选为该院 19 名“考试委员”之一;“考试委员”的主要职责是轮流担任各特种考试的“典试委员长”,并负责复审命题)、台湾大学土木系教授、国际著名流体力学家、土木工程建筑学家。

第二节　中华人民共和国成立初期发展与调整:1949—1953 年

一、欢庆解放　获得新生

1949 年 10 月 1 日,中华人民共和国诞生,中国人民从此站起来了,中国历史从此翻开了新的一页。10 月 17 日,厦门解放,厦门大学获得新生。“熬过血雨腥风的厦大留校师生激动地冲上弥漫着硝烟的战地,流着热泪欢迎英勇的解放军指战员,并迅速组织宣传队、搜索队、纠察队,冒着生命危险帮助解放军建立革命秩序。”[①]10 月 20 日,解放军福建省军区厦门市军事管制委员会主任叶飞、副主任黄火星发布命令,委派吴强、肖枫为正、负军事代表,接管厦门大学。10 月 23 日,学校举行欢迎接管大会,厦门大学从此回到了人民的手中。

11 月起,全校师生掀起建设人民新厦大的热潮,按照“维持原状,逐步改进”的原则进行复校复课的各项工作。12 月初,学校召开各处、院系负责人座谈,商讨招生、复课等问题。因中华人民共和国成立前夕校舍被占用没有招收 1949 级新生,此次会议决定文、商、法 3 个学院暂不招生,理、工两学院 8 个系于 12 月招收 1949 级新生 135 名。二、三、四年级老生于 12 月 16—20 日注册,21 日正式上

---

① 厦门大学档案馆,厦门大学校史研究室.厦门大学校史:第 2 卷[M].厦门:厦门大学出版社,2006:3-4.

课;新生则于1950年1月10—14日注册,15日正式上课。行政机构、教学机构等都迅速恢复正常秩序,办学经费由福建省人民政府教育厅负担。当时国家为了加快培养社会主义人才,高校学生一律实行免费,且每人每月伙食标准为11.5元,后来又略为提高,这一制度一直实行到20世纪80年代。

二、在战区前线坚持办学

20世纪50年代,台湾海峡两岸处于敌对状态,解放后的厦门大学依然处于战区,是全国独一无二的前线大学,被人们称赞为"在炮火袭击下坚持斗争、学习的英雄大学"。[①]

土木工程系师生与全校师生一起,克服重重困难,开展教学科研活动,参与校舍重建,参与支前建设,开展整治学习,进行课程改革,投身中华人民共和国成立初期的各项社会运动(抗美援朝、土地改革和镇压反革命、"三反"运动等),积极支持解放台湾和反空袭对敌斗争,努力办好海防前线的厦门大学。

1950年5月,福建省公路局为了支前,需要进行大规模测量和施工,人才匮乏,希望学校支持。土木工程系学生得知后,积极响应,三年级的同学全部参加,二年级有9名同学学习过测量并有一定经验,也一并前往支援。土木工程系的学子们顶着烈日,冒着风雨,克服重重困难,发挥专业所长,圆满完成了福建支前公路建设的相关任务。

土木工程系师生还发挥专业特长,支持厦门的建设与发展。1950年初春,厦门市市长梁灵光多次到集美拜访华侨领袖陈嘉庚先生,他们一致认为应该修建一条海堤,把厦门岛和集美连接起来。同年8月,厦门市建设局牵头组织人员对高崎的地质、水文情况进行调查勘察。土木工程系师生响应政府要求,王文修和方虞田两位老师组织了一批学生对整个高崎、集美海峡地质水文情况进行勘察,编制了"抛石为堤"的初步设计方案报给厦门市委市政府,市委市政府很快将此方案上报福建省委省政府,省委省政府很快批准并将该项目列为福建省重点工程项目,报请华东地区转报中央政务院审批。1952年,中共中央政治局委员、

---

① 厦门大学档案馆,厦门大学校史研究室.厦门大学校史:第2卷[M].厦门:厦门大学出版社,2006:94.

华东军区司令员陈毅考察海防前线厦门岛，赞同和支持“抛石为堤”的方案，回到北京后，向党中央和毛泽东主席汇报了该方案，毛主席同意修建高崎至集美海堤。1953 年 6 月 17 日工程正式动工，1954 年 10 月 1 日，厦门海堤工程全面完工。

新生的厦门大学决定在全校开展整治学习，设立了政治学习委员会，负责“辩证唯物论”“历史唯物论”“新民主主义论”“政治经济学”等课程的上课事宜，负责组织全校师生员工每周六下午开展政治学习。

在教学方面，学校开展精简课程运动，注意去除内容反动的课程，归并重复或内容相似的课程，加强分量太轻的课程，增设部分原来没有而应该有的课程，注意改善教学方法，充实教学内容，各系开设的必修课、选修课必须达到一定标准，注意发挥教师特长。这些措施为学校的改造发展打下了一定的基础。

工农速成中学学员在排球场上

资料来源:《新厦大》1952 年 10 月 1 日第六版。

厦门大学积极响应国家号召，注重面向工农办学，逐年增加招收学生指标，办学规模不断扩大。1952 年 8 月，学校还奉命设立了工农速成中学，学制 3 年。为提高在职工农干部的科学文化水平，学校接收、培养了由机关、部队调派来学习的干部，称为“调干生”。这些调干生大部分分布在土木工程、机械、电机等实用性较强的科系，1952 学年度 81 名调干生中有 72 名在这 3 个工科系，土木专修班全班 82 名同学中有 27 名调干生。调干生大部分为工农出身，政治觉悟高，革命实践经验丰富，学习目的明确，学风好，通过 4 年的学习，不少人成长为国家栋梁之材。

中华人民共和国当时实行毕业生就业由中央教育部统一分配工作的政策。当时东北地区是中华人民共和国唯一具有比较完整的现代化大工业的地区，在中华人民共和国的建设和发展中承担着重要的历史使命。中央在资金、人才和工业项目安排等方面大幅度向东北倾斜，在统筹分配全国高校毕业生时，中央也重点照顾东北地区。1950 年夏季毕业的土木工程系学生，全部被分配到东北地区工作。

1951 年 3 月，学校奉命将理、工两个学院疏散到闽西山区，土木工程系属于工学院，按照学校部署进行疏散。3 月 15 日，理、工两院 523 名学生分批从厦门徒步出发，跋涉数百里，于 3 月下旬全部安全抵达闽西龙岩，4 月 1 日在龙岩白土和县城内正式上课，受到时任教育部部长马叙伦表扬。1952 年 2 月，厦门海防日益巩固，疏散到龙岩的理、工两学院师生迁回厦门。

土木工程系

任務：配合當前國家建設需要，培植土木工程技術人員并盡可能培養研究人才。

設備：測量儀器，經緯儀，水準儀，平板儀器及其他測量儀器，尚稱充實，足敷應用。水力實驗室在廈門略有基礎，水源及其他設備皆具規模。材料實驗室，所需最貴重之材料實驗機，已在設法洽購中。土壤實驗室正在開始籌設。陳嘉庚先生為本系建造土木工程館一座，九月前可完工，該館包括教室實驗室、辦公室、圖書室、研究室等。

學習生活：本系現有同學八十三人，一二年級學生佔多數，教授四人，副教授二人，講師二人，助教六人，在目前尚未分組，各項課程可以開出，其中土壤力學課為一新課程。本系同學組織性和紀律性甚強，緊張學習，緊張的工作。并曾五度參加支前工作，常得首長表揚。還岩後，並會集體幫附近鄉民割麥、插秧、修橋等工作，引起農民羣衆的熱愛。最近該系積極注意文娛體育活動，學習團章、團綱，以搞好身體，並提高政治認識。

土木工程系概况

资料来源：《新厦大》1951 年 7 月 9 日第四版。

三、院系大调整　土木工程系办学再次中断

经过 3 年的努力，中华人民共和国国民经济得到全面恢复和发展。1952 年开始实施第一个五年计划，在高等教育方面提出“以培养工业建设人才和学校师资为重点，发展专门学院和专科学校，整顿和加强综合大学”[①]的方针，开展以东北、华北、华东为重点的全国性院系大调整。厦门大学大规模的院系调整从 1952 年 8 月起到 1953 年年初基本结束。在调整过程中，院级建制逐步撤销，专业设置在调整中进一步建立起来。1952 年，学校在土木工程系增设土木专修科（水利工程建筑专业），土木专修科主任由 1939 级校友曾国熙担任。

土專班委會領導同學

執行學習計劃取得成績

厦大校刊报道土木专修科学习情况

资料来源：《新厦大》1953 年 5 月 11 日第一版。

---

① 厦门大学档案馆，厦门大学校史研究室．厦门大学校史：第 2 卷[M]．厦门：厦门大学出版社，2006：88.

1953 年 7 月，厦门大学奉命将土木工程系（工业与民用建筑专业）并入浙江大学、南京工学院（现东南大学），土木专修科（水利工程建筑专业）并入华东水利学院（现河海大学）。至此，1937 年创办的土木工程系遂告中断，共培养 13 届毕业生 296 人，其中中华人民共和国成立前九届 176 人，中华人民共和国成立后 4 届 120 人。厦大的工科办学中断，对福建省乃至东南沿海的工业发展和人才培养来说，是一个巨大的损失。

尽管土木工程系在中华人民共和国成立后不到 4 年就中断了，但这一时期招收和培养的人才质量较高，涌现出了一批杰出校友。

檀华芬，1949 级校友，1931 年 8 月出生，福建永泰人。1949 年转学就读于厦门大学土木工程系。曾任安徽省水利厅副总工程师、安徽省水利学会第五届副理事长、安徽水土保持学会副理事长、安徽省灾害防御协会副会长。长期从事水利规划及管理工作，参加了“淠史杭工程总体规划与设计”项目，获安徽省科学技术进步一等奖。

谢金赞，1950 级校友，河海大学水港系教授、海洋工程水文教研室副主任、中国海洋湖沼学会水文气象学会副秘书长。

林毓梅，1950 级校友，1931 年 9 月出生，福建上杭人。河海大学建筑工程系教授、建筑材料教研室副主任。

陶碧霞，1950 级校友，河海大学建筑工程系教授。

王庆辉，1950 级校友，河海大学航运及海洋工程系教授。

纪炳炎，1950 级校友，教授。1933 年 1 月出生，福建福州人。1953 年毕业于厦门大学，毕业后一直在高校从事教学和科研工作 40 多年，曾任北京科技大学固体力学教授。教学研究成果获得 1989 年北京市高教局优秀教学成果奖和 1993 年北京市优秀教学成果奖。参加国家科技攻关项目，获得 1987 年国家科技进步三等奖。1992 年获得国务院颁发的政府特殊津贴。

王枨，1950 级校友，北京科技大学力学教授。

林太珍，1950 级校友，曾任建设部科技局总工程师、科技委员会办公室主任、中国建筑学会建材委员会副主委。

洪伯潜，1952 级校友，1931 年 12 月 30 日出生，福建厦门人。中国工程院院士、矿井建设特殊凿井工程专家，中国煤炭科工集团首席科学家，天地科技建井研究院教授级高级工程师、博士生导师。1952 年，考入厦门大学土木工程系，一年后因全国高校院系调整，调入浙江大学，攻读工业与民用建筑专业，1956 年毕业于浙江大学，同年被分配到黑龙江双鸭山矿区。1986 年荣获国家"六五"科技攻关先进个人奖，被国家人事部授予有突出贡献的中青年专家，1990 年 7 月获首批国务院政府特殊津贴。1991 年后，任钻井室主任工程师，仍致力于钻井法凿井技术拓展应用于水下桩基工程、混凝土质量检测仪表等的开发研究，并获得良好成效。1997 年当选为中国工程院院士，是我国矿山建设领域第一位院士。

洪伯潜

第三节　卓然前行　机遇与挑战：1987 年至今

一、南京工学院协助创办建筑系

20 世纪 80 年代改革开放后，为加速培养国家建设急需的工程技术人才，厦大党委于 1983 年决定筹办新型的"技术科学学院"（后改为"技术工程学院"），将原理科部分专业分出，新成立计算机、电子工程、科学仪器等系，1985 开始筹建建筑系，由辜联昆副校长、教务处刘正坤处长负责筹建工作。

1985 年 6 月 13 日，南京工学院（现东南大学）与厦门大学签署了《建立协作关系的近期安排意见》，厦大欢迎南京工学院到厦大合办建筑学专业。1985 年年底，土木工程系 1947 届校友洪敦枢从福州大学调回厦大，参与负责筹办建筑系事宜。

1986 年 1 月 15 日，南京工学院鲍家声副教授、系总支书记黄一鸾、柳孝图副教授应厦大技术科学学院吴存亚院长邀请来厦商谈协办建筑系问题，吴存亚院长、金坚副院长、基建处孙和平副处长参加商谈，双方达成共识。在师资方面，南京工学院建筑系可通过 4 种方式支持厦大，一是在本人自愿基础上调人到厦大工作，二是借调，三是兼职授课，四是每年给厦大建筑系代培研究生。在教学和教材方面，南京工学院建筑系可以协助制订教学计划、课程设置等。在图书资料和实验室配备方面，南京工学院建筑系可以对口支持，帮助厦大代培实验人员和设置采购计划。在领导班子方面，南京工学院派出副教授以上人员来厦大兼职任系主任，负责开办建筑学专业，争取1986年得到国家教委批准，1987年正式招生。双方就科研合作达成共识，同意合办设计研究所，争取将厦大乙级建筑执照提升为甲级，共同承担厦大的工程设计任务，在条件具备时还可承担厦门市、福建省的工程设计任务。

1986年2月27日，学校发布《关于筹建建筑系、建筑设计研究所有关问题的通知》，学校于1月31日和2月20日办公会研究同意筹办建筑系和成立建筑设计研究所，学校同意来自技术科学学院、基建处、人事处、财务处、教务处的9位同志组成建筑系及建筑设计研究所筹备组，召集人为金坚（技术科学学院）、洪敦枢（技术科学学院）、孙和平（基建处），校基建处把现有设计室与建筑设计研究所合并，一套人马，两块牌子，双重领导。筹备组拟订建系计划，学习省外兄弟院校办学经验，物色师资人才。

1986年5月3日，学校与南京工学院（现东南大学）签订《关于南京工学院支援厦门大学筹办建筑系及联合筹办建筑设计研究院的协议书》。南京工学院同意借调郭湖生教授来校任系主任，卢志昌副教授任副系主任，借期3年。

1986年5月29日，学校给国家教委高教一司呈报《关于申请设置建筑学专业的报告》，指出："为了发挥多学科综合大学的优势，为国家建设培养急需的专业人才，促进我校办成开放型大学，拟在我校技术科学学院设立建筑学专业。"报告认为，当时国家建设急需大量建筑人才，城乡建设系统中人才青黄不接问题比较严重，"最匮乏的是建筑、室内设计、技术经济、自动化及电脑辅助设计方面的人才"。福建是中央实行特殊政策的省份之一，省内有厦门经济特区、福州沿海开放城市和闽南三角经济开放区，省内只有华侨大学不久前从土木系分出建筑系，而且只向海外招生，难以满足国内特别是福建省建设需要，厦大有责任为解决国家建筑人才匮乏的困难做出贡献。"厦大如能设立建筑学专业，对于扩大对外招生，开展学术交流和增强在国外的竞争能力是很有利的。除此之外，建筑系还可以承担海外有影响的工程设计任务，扩大学校在海外的影响，有利于高等教育的对外开放。"报告从筹备工作、师资队伍、办学条件等方面陈述了新办建筑学专业的条件已经成熟，当时申报的建筑学学制为4年，目标是"培养建筑设计和城市建筑群体规划设计的高级技术人才。毕业生可从事建筑设计、城市规划设计和研究工作，以及建筑保护工作”。提出厦大建筑学专业近期本科生规模为120～150名，远期可发展到400名。计划从1987年开始招收本科生，每年招收30名。

1986年夏，建筑系利用现有部分师资力量，并外聘厦门市数家建筑设计院高级建筑师授课，开办了一年期的“建筑设计培训班”，招收25人，为福建、江西两省地、县市建筑设计院培训设计人才，以达到教学练兵、积累部分办学经费、积极做好建系准备工作的目的。当年的这一批培训班学生对建筑系感情很深，30年后的2017年回校参加建筑与土木工程学院（建筑系）成立30周年庆典，捐赠了“文心筑雅 营建乡城”纪念石。1986年12月，国家教委发文批准我校增设建筑学专业。但厦大当年的招生指标已经早已确定，分配到各系，并没有给建筑系预留招生指标，学校于1987年1月23日行文给国家教委学生司，申请追加1987年建筑学专业本科招生指标20名。

2017年12月15日，厦门大学建筑系1987届（1986年招生，1987年结业）进修班捐赠的“文心筑雅　营建乡城”的纪念石揭幕仪式

经过两年多的筹备，1987年5月15日，学校发文正式成立建筑系和建筑设计研究院，办公地点设在成智（二）。郭湖生教授任建筑系主任，卢志昌副教授任建筑系副主任。1987年6月15日，学校发文启用厦门大学建筑系的公章，建筑

系可以正式“开业”运行了。1987 年 7 月，学校设立建筑系临时党支部，卢志昌任党支部书记。1987 年 9 月，建筑系正式招生，首届招收 20 人。

郭湖生，1931 年 4 月出生，教授，河南孟津人。1952 年毕业于南京大学工学院建筑系，分配到山东大学(后改青岛工学院)土木系任助教，1956 年该系并入西安建筑工程学院，1957 年调回南京工学院(现东南大学)，历任副教授、教授，1987 年 5 月—1990 年6 月任厦门大学建筑系主任，1990 年6 月返回东南大学任教。曾任国务院学位委员会第二届学科评议组成员，全国第七、八届政协委员。参加编写的《苏州古典园林》1981 年获国家科技成果奖一等奖。2008 年 4 月 27 日逝世，享年 77 岁。

郭湖生

卢志昌，教授，1965 年毕业于南京工学院建筑系并留校任教，1987 年 5 月—1990 年 6 月，任厦门大学建筑系副主任，1990 年 6 月至今，在东南大学建筑系任教。曾任东南大学规划设计院副院长。

卢志昌

二、建筑系初步发展壮大

(一)同步筹办建筑设计研究院

建筑学是一个应用型工科专业，教学、科研、工程实践三者缺一不可。为了给建筑学师生提供教学实践基地，并为建筑系办学提供经费来源，学校在筹备建筑系的同时，利用现有的师资力量和部分工程技术人员，着手筹办厦门大学建筑设计研究院，上报福建省有关部门审批，并报给国家教委备案。1987 年12 月，厦门大学建筑设计研究院(以下简称设计院)获福建省建设委员会批准为乙级设计院，发给资质证书，洪敦枢教授(时年 64 岁)任建筑设计研究院代院长。设计院随即正式承接省内外各单位委托的工程勘察设计任务，由于具有良好的设计信誉，业务不断扩展，经济效益不断提高，设计力量也不断得到加强，设计成果受到社会好评，为申请甲级设计院打下了良好的基础。[①] 如1993年罗林（项目负责人）、李立新等设计的《厦门白鹭洲中央公园及白鹭女神广场设计》荣获2000年福建省优秀勘察设计二等奖、国家建设部优秀勘察设计三等奖。

建筑设计院的筹办，一方面给建筑学师生们提供了教学实践平台，增长了师生的工程设计能力，培养了人才，锻炼了队伍，增强了建筑系师生服务社会的能力，另一方面也产生了较好的经济效益和社会效益，给建筑系办学提供了一定的经费来源。

1993年罗林（项目负责人）、李立新等设计的《厦门白鹭洲中央公园及白鹭女神广场设计》荣获2000年福建省优秀勘察设计二等奖、国家建设部优秀勘察设计三等奖

资料来源：王绍森."新闽南"建筑实践：厦门大学建筑与土木工程学院教师优秀作品集（1987—2017）[M].厦门：厦门大学出版社，2018：22.

（二）发展中的困难时期

"建筑学科是具有一定综合性和特殊性的学科，对于一个原先没有建筑学底

① 洪敦枢.厦门大学土木工程系的沿革与发展[Z].厦门大学建筑与土木工程学院建筑设计研究院20周年，2007：63.

子的学校，要创办建筑学专业，面临的困难可想而知，只能白手起家，从零开始。郭、卢二位系主任在厦大建筑系工作期间克服了种种困难并做了大量的工作，在他们的努力下，从1987年秋季开始招生到1990年夏他们借调期满返回东南大学工作时，全系已有三届学生，当时系里教学、管理工作已能正常运转，教师引进工作也很有成绩。对郭、卢二位教授为支持我校创办建筑系的辛勤工作，建筑系师生是永远铭记于心的。"①

1990年6月，郭湖生、卢志昌借调期满返回东南大学。学校任命沙镇平副教授为建筑系主持工作的副主任。自此到1992年，建筑系面临成立以来的最困难时期。

一是师资紧缺。郭、卢二位教授返回东南大学工作，个别教师也同时调动工作，师资出现短缺，建筑系克服困难，分别聘请了厦门市建委的陈永欣，厦门市城市规划管理局的马武定(2007年受聘为厦门大学建筑与土木工程学院城市规划系创系主任、全聘教授)、林荫新担任兼职教授，聘请厦门市建筑设计研究院、福建省建筑设计研究院厦门分院、东北建筑设计研究院厦门分院以及厦门市规划局的陈龙海、孙以泰、冯堉生、高亚侠和张道正等高级建筑师来校兼职并指导学生设计实践，在一定程度上缓解了师资不足的问题。②同时，这一批兼职老师从事设计工作多年，有丰富的实践经验，业务水平高，学生和年轻教师都受益匪浅。1990年下半年，学校从上海同济大学借调了黄仁教授来建筑系任教，1991年正式调入厦大，1992年4月担任建筑系系主任。在黄仁的领导下和学校的大力支持下，建筑系引进了一批骨干教师，其中包括建筑设计、建筑历史、建筑物理、建筑构造、建筑结构、美术和材料实验等方面的教师，师资队伍得到大大加强，教师紧缺问题逐步得到缓解。

二是用房困难。当时成智(二)楼上分3间，分别为系办公室、图书资料室和设计院设计室；楼下分3间，分别为综合教室、美术教室和设计院晒图室。另外还有成智(一)4间大教室，作为专业教室。随着招生人数的增加，用房困难凸现，实验室既没有空间也没有资金，办学条件差。甚至有人说厦大建筑系"惨不

---

①② 黄仁.过程与发展——写在厦大建筑系创办20周年之际[Z].厦门大学建筑与土木工程学院 建筑设计研究院20周年，2007:60.

忍睹”。[①] 尽管如此，建筑系师生团结一致，克服困难，教学秩序正常，继续向前发展。后来通过建筑系自筹100万、学校和工学院支持100万合建联兴楼，1997年建成，教学空间得到改善。“值得一提的是为了合建联兴楼，全系师生员工都为此做出了很大奉献，为了筹集经费不少老师努力对外承接设计任务以增加系里的经费收入，这期间全系职工基本上没有发奖金，联兴楼设计教师不计报酬也没有要设计费。尽管如此，但为了建自己的教学楼，大家都毫无怨言。”[②]

（三）复办土木工程系及其专业

厦大办学初期就设有土木工程专业，虽然两次中断办学，但人才培养成效显著，特别是1937年复办至1953年停办这一时期，培养了大批杰出的人才。复办工学院及其相关科系，包括土木工程系，是师生和校友们共同的心愿。1991年4月，校友们回母校参加70周年校庆，学校与校友们举行座谈会，征求校友们对母校事业建设和发展的意见与建议，共商办学大计。“为适应对外开放特别是特区建设的需要，应优化学科结构，许多校友建议复办工学院，直接为经济建设服务。”[③]1994年5月12日，国家教委与厦门市政府签订《关于共同建设厦门大学工学院的意见》，每年投入共建经费500万元用于工学院建设。5月17日，国家教委与厦门市政府共同建设的厦门大学工学院举行成立大会，国家教委副主任张孝文、福建省教委副主任王豫生、厦门市副市长王榕等出席大会。

建筑系在办好建筑学专业的同时，逐步开展土木工程专业的教学，以实现教学相辅相成，互相促进发展，为复办土木工程系做准备。1993年，招收工业与民用建筑大专班，首届招收38人；1995年，再招收一届52人，两届合计90人。这两届学生培养质量好，受到用人单位的好评，部分学生成长为企业家、工程专家。校友们感恩学校的教育，捐资给母校支持教育事业，如1993级工业与民用建筑

① 黄仁.过程与发展——写在厦大建筑系创办20周年之际[Z].厦门大学建筑与土木工程学院 建筑设计研究院20周年，2007：60.

② 黄仁.过程与发展——写在厦大建筑系创办20周年之际[Z].厦门大学建筑与土木工程学院 建筑设计研究院20周年，2007：61.

③ 厦门大学档案馆，厦门大学校史研究室.厦门大学校史：第2卷[M].厦门：厦门大学出版社，2006：378.

专业大专班校友、中建环球投资发展集团有限公司董事长马亚军于 2016 年 3 月 25 日捐资设立“厦门大学-中建环球科创基金”，支持学院开展科创活动。1997 年，学校同意每年在建筑学专业的学生中挑选部分数理基础较好的学生学习土木工程专业知识，培养土木工程专业方向的学生。1998 年开始申报恢复土木工程专业，1999 年获得教育部正式批准复办土木工程专业，2000 年经批准正式向全国招生土木工程专业的本科生，2004 年4 月，学校批准成立建筑与土木工程学院土木工程系。

（四）成立建筑与土木工程学院

经过 17 年的发展，建筑系在师资队伍建设、教学、科研、学科建设、生产实践、国内外学术交流等方面有了较快发展，取得了丰硕成果。1999 年经教育部批准，复办了土木工程专业，同年获得“建筑设计及其理论”专业硕士学位授权点。2003 年通过了“全国高等学校建筑学专业教育评估”，获得了建筑学专业学位授予权，同年获得“结构工程”硕士学科授权点。2004 年，建筑系教职员工 58 人，专任教师 43 人，其中建筑学科教师 26 人，土木工程学科 17 人，教授 5 人，副教授 15 人，高级工程师 1 人。在校生 440 人，其中硕士研究生 23 人，已初步形成研究生、本科生等多层次的办学体系。

17 年来，建筑系为国家培养了大批建筑人才，其中一些人已成为各单位的业务骨干，为振兴中国的建筑事业，尤其是对厦门特区的建设做出了积极贡献。17 年来，建筑系为厦门市输送了 200 多位优秀毕业生；有多位专家参加了厦门市城市建设和城市规划的决策咨询机构，参与了厦门风貌建筑保护工作，为厦门市城市建设提供了有力的智力支持；有一批老师参加设计了近百万平方米的建筑工程项目，其中多项作品获得省部级奖励。

2004 年 2 月 23 日，建筑系向学校报送了《关于建议成立“厦门大学建筑与土木工程学院”的报告》，从“成立的必要性和可行性”“成立学院的紧迫性”“学院的机构设置设想”等方面提出了成立学院的建议。为进一步加强土建类学科建设，学校决定成立建筑与土木工程学院，下设建筑系和土木工程系。2004 年4 月 6 日，学校在南光（二）举行厦门大学建筑与土木工程学院成立揭牌仪式，厦门市副市长潘世建，市建设局党组书记陈永欣，校领导王豪杰、孙世刚、吴世农等出席揭牌仪式。潘世建、孙世刚、凌世德分别在仪式上致辞。学院首任院长为凌世德教授,首任党委书记为陈和祥。

市领导、校领导为学院揭牌

(五)成立城市规划系

随着我国改革开放的深入和社会的快速发展,城市规划人才的需求量不断增大,规划人才供不应求。在校长朱崇实等校领导的重视、关心和支持下,2006 年10 月,学校决定筹办城市规划系,2007 年 1 月上报教育部获得批准,同年秋季开始招收了第一届城市规划专业本科生。4 月 6 日,学校在南光(二)举行“厦门大学建筑与上木工程学院城市规划系授牌仪式暨马武定教授聘书颁发仪式”,副校长孙世刚致辞,向马武定教授颁发聘书,聘请马武定为城市规划系系主任,向马武定授予城市规划系系牌。2009 年获准招收五年制城市规划专业本科生。2011 年,国家统一将城市规划专业从建筑学一级学科中独立出来,更名为城乡规划专业。

副校长孙世刚与学院、城市规划系领导合影

三、开展专业教育评估（认证）

建筑系发展到2004年，成立了建筑与土木工程学院，下设建筑系、土木工程系，2007年，设立城市规划系。学院现有4个本科专业：建筑学、土木工程、城乡规划、工程管理。除了工程管理专业，其余3个专业均通过了专业教育评估（认证）。

（一）建筑学专业教育评估

20世纪90年代起，建筑学毕业生国际流动和建筑师跨国执业活动越来越频繁，中国、美国、加拿大、英国等国家的建筑学专业评估认证机构接触也越来越多，逐步就建筑学专业学位评估达成一些双边认识。我国建设部1994年4月5日发布《高等学校建筑类专业教育评估暂行规定》，对建筑学、城市规划、建筑工程、给水排水工程、供热通风与空调工程、城市燃气工程、房地产经营管理等专业教育评估做出规定，以适应国际相互承认学历的需要。2008年4月9日，中国以发起国身份，与英国、美国、加拿大、澳大利亚、墨西哥、韩国的专业评估认证机构和英联邦建筑师学会在澳大利亚首都堪培拉共同签署了《建筑教育评估认证实质性对等互认协议》，简称《堪培拉协议》。也就是说，从 2008 年起，通过了建筑学专业教育评估就意味着得到了协议国家的互认，相当于得到了一张“国际通行证”，说明通过专业教育评估学校的建筑学办学已达到国际标准。

随着国家推进建筑学教育国际互认步伐的推进，建筑系从 1993 年起开始着手准备建筑学专业教育评估。首先是申请建筑学专业的学制由四年改为五年。1994 年 5 月，经国家教委批准，建筑学专业由四年制改为五年制。接着开始试办工业与民用建筑大专班，然后是改善办学条件。当时建筑系教学用房严重不足，刚好这时海外教育学院校友捐款 200 万元拟建教学用房，但经费不够，有缺口，学校也无资金投入，海外教育学院无法单独建设，提出与建筑系共同建设教学用房。经系里研究，建筑系决定向学校申请，由建筑系自筹经费 100 万元，学校出资 40 万元，工学院支持 60 万元，联合建设联兴楼。学校和工学院都给予支持，同意了这个方案。1996 年，建筑系罗林老师作为项目负责人，带领老师们自行设计联兴楼，随后开工建设，1997 年建成，1998 年投入使用。联兴楼使用面积 5000 平方米，建筑系占有 2500 平方米，设置了专业教室、公共梯形教室、评图室、陈列室、办公室、资料室等，办学条件得到极大改善。

办学条件改善，师资队伍建设得到加强，教学方案不断得到完善和充实，建筑学专业教学质量有了较大的提高。人才培养质量较好，建筑系学子每年在大学生设计竞赛中都取得优异成绩，毕业生就业供不应求，用人单位反映良好，教师的建筑工程设计项目也越做越好，越做越多。1997 年，建筑系黄仁、王绍森、陈阳、徐文才、陆敏玉等设计的厦门大学嘉庚楼群中标，后来与设计院一起做了施工图设计并顺利施工。2000 年 1 月 20 日，作为学校迈向 21 世纪的标志性建筑“嘉庚楼群”主楼封顶仪式在楼前工地举行，校党委书记王豪杰、副校长朱之文，校友总会副理事长翁心桥和嘉庚主楼捐资者代表吴伯僖、纪华盛、欧阳千和福建省第一建筑工程公司党委书记陈实都等出席仪式，王豪杰、陈实都分别在仪式上讲话。4 月 6 日，举行竣工典礼，全国政协副主席张克辉，福建省委书记宋德福，省委副书记、省长习近平，教育部副部长张保庆，福建省政协主席陈明义，厦门市委书记洪永世，厦门市市长朱亚衍等出席仪式。该建筑被评为厦门市十佳建筑之一，2005 年荣获福建省优秀建筑工程设计一等奖，住建部优秀工程设计三等奖，作品发表在《建筑学报》《新建筑》《城市建筑》《当代中国建筑集成Ⅱ》

等刊物。1998 年建筑系获得“建筑设计及其理论”专业硕士学位授权点，1999 年正式招收该学位点的硕士研究生。

经过 10 年的准备，2003 年 11 月，学校迎来以曹亮功教授级高级建筑师为组长，魏宏杨教授、王竹教授、黄薇高级建筑师、曹麻茹教授为成员的全国高等学校建筑学专业教育评估委员会专家组一行 5 人来校进行为期 4 天的视察评估工作。建筑系建筑学专业首次通过了全国高等学校建筑学专业教育评估，获得“建筑学学士”学位授予权。

2003 年 11 月，副校长吴世农与评估专家及部分教师合影

2007 年 5 月，学校迎来了以梁应添教授级高级建筑师为组长，建筑学专指委主任委员仲德崑教授、吴英凡教授级高级建筑师、陆琦教授为成员的全国高等学校建筑学专业教育评估委员会专家组一行 4 人来校进行为期 5 天的视察评估工作。建筑系建筑学专业本科教育再次通过全国高等学校建筑学专业教育评估，继续获得“建筑学学士”学位授予权，“建筑设计及其理论”专业首次通过全国高等学校建筑学硕士学位研究生教育评估，获得“建筑学硕士”学位授予权。我校成为全国第 18 家建筑学专业本科和硕士均通过专业教育评估的高校。

2007 年 5 月，副校长潘世墨出席评估会.

2011 年 5 月 11 日，学校迎来了以王伯伟教授为组长，王洪礼教授级高级建筑师、徐雷教授、曹跃进教授级高级建筑师为成员的全国高等学校建筑学专业教育评估委员会专家组一行 4 人来校进行为期 5 天的视察评估工作。建筑系建筑学专业本科和硕士教育再次通过全国高等学校建筑学专业教育评估，继续获得“建筑学学士”学位授予权和“建筑学硕士”学位授予权。

2015 年 5 月 12—14 日，受住房和城乡建设部高等学校建筑学专业评估委员会的派遣，由淡士伦建筑师事务所曹亮功教授级高级建筑师为组长，北京市建筑设计研究院马泷教授级建筑师、沈阳建筑大学张伶伶教授、西安建筑科技大学李昊教授为成员，中国建筑学会王晓京副主任为观察员的视察小组，对厦门大学建筑学专业进行了为期 4 天的实地视察，建筑学专业本科和硕士教育第 4 次顺利通过专业评估，建筑系建筑学专业本科和硕士教育再次通过全国高等学校建筑学专业教育评估，继续获得“建筑学学士”学位授予权和“建筑学硕士”学位授予权。

2011 年 5 月，副校长邬大光出席评估会

摄影：潘万华　资料来源：潘蕾.建筑学专业评估视察工作汇报会顺利召开[N].厦门大学新闻网，2011-05-12.

2015 年 5 月，副校长詹心丽与评估专家和部分教师合影

2019 年 5 月 14—18 日，受住房和城乡建设部全国高等学校建筑学专业教育评估委员会委托，由孟建民院士任组长，李保峰教授、刘恩芳教授级高级建筑

师、薛明教授级高级建筑师担任组员的评估视察专家组对我校建筑学专业进行了实地考察。校党委副书记、纪委书记赖虹凯，副校长韩家淮，校长助理张建霖，学校办公室、教务处、研究生院、学生处、人事处、团委、图书馆等部门领导，建筑与土木工程学院党政领导班子，建筑系、建筑设计研究院领导和师生代表出席相关活动。6 月，根据全国高等学校建筑学专业教育评估委员会文件（建学评〔2019〕35 号），经评估委员会全体会议讨论并投票表决，同意视察小组对我校的视察报告，评定为优秀，通过我院建筑学专业本科（五年制）和硕士研究生教育评估，合格有效期为 6 年，自 2019 年 5 月起至 2025 年 5 月止。建筑系建筑学专业本科和硕士教育再次通过全国高等学校建筑学专业教育评估，继续获得“建筑学学士”学位授予权和“建筑学硕士”学位授予权。我校是全国第 19 家建筑学专业本科和硕士专业教育评估均被评定为优秀的高校。

2019 年 5 月 12 日，校党委副书记赖虹凯出席评估会议

（二）土木工程专业工程教育认证

土木工程专业工程教育认证对应的是《华盛顿协议》。1989 年，来自美国、英国、加拿大、爱尔兰、澳大利亚、新西兰共 6 个国家的民间工程专业团体发起和签署了《华盛顿协议》，该协议主要针对国际上本科工程学历（一般为四年）的资格互认，并建议毕业于任一签约成员国认证的工程教育人员被其他签约国视为

已获得从事初级工程工作的学术资格。2013 年，我国成为《华盛顿协议》的预备成员，2016 年 6 月 2 日，我国成为《华盛顿协议》的正式成员，通过我国工程教育认证的相关专业可得到国际互认，相当于得到了工程教育的国际认证，是一张“国际通行证”。

土木工程专业自 1999 年复办以来，在学校和学院的关心支持下，得到较快发展，2003 年获得“结构工程”硕士学位授权点，2005 年获得建筑与土建学科工程硕士学位授权点以及建筑学、土木工程、力学 3 个一级学科硕士学位授权点。经过持续不断的努力，在校长朱崇实、校党委副书记赖虹凯、副校长邬大光等校领导的关心和支持下，学院获得了中央修购经费的支持，2013 年 5 月正式建成了结构工程实验室。自此，土木工程专业已具备了申请工程教育认证的条件。

同年，土木工程系经学校批准，向住建部高等教育土木工程专业评估委员会申请评估(认证)。2014 年 5 月 25—29 日，以中国建筑设计研究院任庆英教授级高工为组长，清华大学叶列平教授、中国中建设计集团有限公司邢民教授级高工、天津大学郑刚教授为成员的住建部高等教育土木工程专业评估委员会专家组来校实地视察。土木工程专业第一次通过了工程教育评估(认证)。

2014 年 5 月 26 日，副校长邬大光出席认证会

2017 年 12 月 29 日重新提交了土木工程专业《全国工程教育专业认证自评报告》，2018 年 4 月 25—29 日，以中国建筑科学研究院王翠坤研究员为组长，西安建筑科技大学白国良教授、山东建筑大学范存礼教授、中铁大桥勘测设计院集

团徐恭义教授级高级工程师、兰州交通大学蔺鹏臻教授为成员的住建部高等教育土木工程专业评估委员会专家组一行5人来校进行为期5天的实地考察，土木工程专业通过了工程教育认证。

2018年4月26日，副校长邬大光出席认证会

（三）城乡规划专业教育评估

学校于2007年设立城市规划系，由马武定担任首任系主任。2008年，国家教育部发布《教育部关于公布2008年度高等学校专业设置备案或审批结果的通知》（教高〔2008〕10号），同意我校设置城市规划专业，学制为五年。2011年，国务院学位委员会与教育部联合发文《关于印发〈学位授予和人才培养学科目录（2011年）〉的通知》，城市规划专业调整为一级学科，更名为城乡规划学。

城乡规划经过10年的发展，在队伍建设、科学研究、人才培养、产教结合等各方面都取得了长足的发展，已具备了申请专业教育评估的条件。2016年向住建部高等教育城乡规划专业评估委员会提出申请，2017年6月4—8日，住建部高等教育城乡规划专业评估委员会委派以同济大学彭震伟教授为组长，陕西省城乡规划设计研究院史怀昱教授级高级工程师、上海市浦东新区规划和土地管理局朱若霖教授级高级城市规划师、哈尔滨工业大学冷红教授为成员的专家组一行 4 人来校进行为期 5 天的实地考察。经过考察评估，城乡规划专业通过了专业教育评估。

2017 年 6 月 5 日，副校长邬大光与评估专家和部分教师合影

四、深化教学改革　提升教学质量

（一）教学无止境，持续推进教学改革与研究

时代在发展，社会在进步，教学也要与时俱进，持续改进。自 1987 年创办建筑系以来，学院一直根据学校要求和时代发展，持续开展教学改革与研究，不断提升人才培养质量。

建筑系得益于厦门大学综合性大学的学科优势，在人才培养方案的设计上注重强调“宽口径、厚基础、高素质”。在建筑系创办初期，主要参考南京工学院的教学计划开设相关课程，逐步积累办学经验，结合厦大实际，不断改进教学计划，完善人才培养方案。经过 30 多年的积累，学院各个专业已经形成了比较成熟的培养方案。在课程体系上，主要包括公共基本课程、通识教育课程、学科通修课程、专业或方向性课程、其他教学环节等模块。学院根据学校统一部署，曾于 2013 年进行招生大类改革，学院各专业按一个招生大类即建筑类招生，涵盖建筑学、土木工程、城乡规划等学科，2016 年学院增设工程管理专业，2017 年 3 月，经学院申请，学校同意从 2017 年起改为按建筑类（涵盖建筑学、城乡规划专业）和土木类（涵盖土木工程、工程管理专业）招生。

学院重视教学改革研究，随着办学经验的积累，教学改革研究成果丰硕。2009 年 5 月，院长凌世德教授主持的“建筑学创新人才培养实验区”项目入选 2008 年度福建省本科教育人才培养模式创新实验区项目。2013 年 7 月，建筑学研究生教育创新基地入选福建省研究生教育创新基地。2014 年 3 月，学院“可持续建筑设计创新教学”项目获得福建省第七届高等教育教学成果二等奖，项目主要完成人为王绍森教授、李立新副教授、张燕来助理教授。2014 年 12 月，王东东教授主持的“综合性大学大类招生土木工程专业课程体系改革研究”项目入选福建省省级教学改革研究项目。2017 年 10 月，张燕来主持的“数字化介入的研究生建筑设计课程教学改革”项目入选福建省 2017 年本科高校教育教学改革研究项目立项名单。2018 年 5 月，“知行合一理念下的乡村营建教学创新改革”项目荣获 2018 年高等教育省级教学成果奖二等奖，成果完成人为王绍森、王量量、韩洁、李苏豫、杨哲、谢火木、黄宇霞、王慧。2018 年 8 月，“专业学位硕士校企联合培养模式的探索与实践”项目（项目组成员：雷家艳为负责人，古泉、高婧、宋雨、刘涛为成员）入选福建省研究生教育教学改革项目。

（二）坚持理论与实践相结合，专业教育与行业实际相结合

工科的一大特点就是应用性强，学院办学坚持理论与实践相结合，专业教育与行业实际相结合，坚持两条腿走路，一边坚持教学，办好专业教育，一边坚持实践，办好建筑设计研究院、城乡规划设计研究院等实践平台。

1987 年，利用建筑系已有师资力量和学校部分工程技术人员，学校在创办建筑系的同时，创办了厦门大学建筑设计研究院，作为建筑系教学、科研、工程实践三结合的平台。经福建省建设委员会批准，并报国家教委备案，1987 年 12 月厦门大学建筑设计研究院获得临时乙级资质证书。1992 年 1 月，经国家教委批准，正式成立厦门大学建筑设计研究院。1993 年 9 月，经建设部审批获得建筑乙级资质，1998 年 3 月经建设部审批获得甲级资质（暂定），2002 年 2 月顺利完成资质换证工作，经建设部审批获得建筑甲级资质。现设计院下设工程咨询中心、厦达建筑工程施工图审查所、2 个设计室。学院有一批教师定聘到该院从业，承担了大量的工程设计，获得国家优秀设计铜奖及部省级优秀设计一、二、三

等奖 20 多项，得到社会各界和建设单位好评。设计院首任院长为洪敦枢教授，现任院长为凌世德教授。

2012 年 5 月，学校从国家海西发展战略的实际需要出发，以厦门大学城乡规划、建筑、土木工程学科为基础，依托学院的师资力量和部分工程技术人员，创办了厦门大学城乡规划设计研究院。2014 年 2 月经厦门市思明区工商行政管理局审核批准，注册成立了厦门大学城乡规划设计研究院有限公司，法人代表为文超祥。2015 年 6 月，经厦门市规划委员会审批获得城乡规划编制乙级资质证书。规划院现任董事长为文超祥教授，总经理为郑灵飞教授级高级工程师，名誉院长和顾问总规划师为马武定教授，总规划师为赵燕菁教授。经过几年的努力，城乡规划院的规划设计逐步得到社会的认可，“漳州古城保护开发修建性详细规划”（主要完成人：王绍森、李立新等）和城乡规划设计研究院项目“晋江市梅岭街道工业用地存量盘活规划策划”（主要完成人：赵燕菁、黄友谊等）荣获了福建省城市规划学会 2019 年度省级优秀规划设计奖一等奖。

学院始终坚持与行业接轨，注重引进具有丰富工程实践经验的老师来校任教，30 多年来，聘请了马武定、林荫新、曾超、边经卫、赵晓波、林树枝、黄咸铮、廖河山、胡建勤、林秋达、吕韶东、陈礼建、邓伟骥、丁建、谷建、陈自明、胡崇武、黄玉仁、孟建民（院士）、唐正国、王巨创、王唯山、王兴田、谢英挺、徐恭义（全国勘察设计大师）、何子张等行业专家为非全职教师，来学校开课，指导设计，开展毕业论文答辩等，把丰富的工程实践经验传递给学生，促进学生成长成才。其中特别令人感动的是黄咸铮先生，是美籍建筑师及规划师、房地产专家，厦门市荣誉市民，为我校著名校友黄克立先生族亲。黄咸铮先生遵照黄克立先生之嘱在我院无偿任教 15 年，其所讲“房地产经营与管理”“建筑师实践基础”为实务性及国际性很强的课程，学生受益匪浅（先后有 20 多名同学经黄先生推荐留学国外），对我校建筑学科发展及国际化起到重要作用。

（三）立足当下、瞄准未来，推进新工科建设

近年来，国家推进新工科建设，强调树立“立足当下、瞄准未来、主动变革”的建设理念，树立“学生中心、产出导向、持续改进”的质量理念，在学科导向上以产业需求为导向，在专业分割上强调跨界交叉融合，在适应服务上强调支撑引领。

“新工科”要求面向工科教育供给侧进行改革，强调科学基础、交叉融合和实践教学，在实践方面强调立足基础科学新发现，面向国民经济需求，创建系统性、集成性应用系统。

学院以新工科与建筑学为切入口，积极推进新工科建设，贯彻落实国家创新驱动发展战略，促进建筑教育与现代数字技术相融合，在“建筑学人才体系培养目标的转变”“建筑学教育体系与内容的全面升级”“信息技术与建筑学教育的深度融合”“BIM＋VR深度融合，为建筑设计教学服务”等方面进行创新，于2018年完成新一轮培养方案调整，充分结合学科特色提出了“职业性、前沿性、地域性”为核心理念的“特质”建筑专业创新综合型人才培养新体系，以建筑设计系列课程为特色教学体系主轴，以技术课程（BIM＋、参数化、绿色建筑等）、人文课程（文化、地理、气候等）为支撑，构成“一轴两翼”教学体系，推进以数字技术为基础的建筑师培养体系的新工科建设，结合慕课，对数字类设计理论课程的教学内容进行调整，利用短学期在一年级开设参数化设计工作坊，在设计课上运用AR/VR全过程教学，促进设计课与数字理论课相互融合，推动第二课堂的跨学科交叉融合，取得良好效果。[①]

2013年10月，建筑学专业入选教育部第三批卓越工程师教育培养计划。2016年7月，学院与北京谷雨时代教育科技有限公司签订《BIM一体化建设合作协议》，北京谷雨时代教育科技有限公司向厦门大学建筑与土木工程学院捐赠价值约450万元的软件，用于支持学院开展BIM教学及相关活动。2016年11月，学院BIM虚拟仿真实验教学中心入选省级虚拟仿真实验教学中心。2018年1月，李立新副教授负责的项目“基于数字技术的建筑师培养体系研究与实践”入选“国家级新工科研究与实践项目”认定名单。2018年10月，李立新副教授主持的2018教育部产学合作协同育人项目“基于BIM技术多专业协同的新工科建筑师培养体系的研究与实践”获教育部立项。2019年7月，“空间分析与行为视角下建筑设计虚拟仿真实验教学项目”入选福建省2019年省级虚拟仿真实验教学项目。

---

① 李立新.强调内涵式发展 推动专业建设再上一台阶[Z].厦门大学建筑与土木工程学院务虚会，2019.

（四）加强课程建设，建设一流课程

学院坚持以教学为中心，以人为本，始终把人才培养放在核心地位，全面落实“以人为本、四个回归”，着力提升专业建设水平，着力推进课程内容更新，着力推动课堂革命，着力建好质量文化。

课程建设是教学基本建设的重要内容之一，学院不断完善课程体系，在课程理念、课程目标、课程内容、课程结构、课程活动等方面持续改进，强化教学过程，有目的、有计划、有组织地引导或指导学生掌握系统的科学文化知识和一定的技能。学院努力打造了一批优秀教学团队，建设了一批精品课程，取得积极成效。2007 年，土木工程系张建霖教授的“结构力学”课程入选 2007 年度福建省精品课程。2019 年 12 月，城乡规划系杨哲副教授“规划认识实习”课程入选国家级社会实践一流课程推荐名单。

（五）开展联合教学、联合设计、公开评图等开放式教学活动

学院坚持开放式教学，加强与同行进行教学交流与合作。

一是邀请校外专家来校开展短期课程。

2015 年 6 月 19—24 日，德国斯图加特专家彼得・迪策（Peter Dietze）来校讲授短期课程“德国城市规划理论与实践”。2015 年 7 月 6—10 日，新西兰惠灵顿维多利亚大学建筑学院 Martin Bryant 教授到我院进行联合教学。

二是与兄弟院校联合开展工作坊、设计营活动。

2015 年 7 月，来自清华大学、中山大学、厦门大学、华侨大学 60 多名师生，齐聚厦门市鼓浪屿，利用暑期 12 天时间开展“鼓浪屿共同缔造工作坊”活动。

2016 年 2 月 23 日—3 月 2 日，厦门大学-新加坡南洋理工大学-同济大学“城市与建筑遗产”专题设计研究营厦门站开营，厦门大学王绍森教授、新加坡南洋理工大学（Nanyang Technological University）安德列・那涅第（Andrea Nanetti）教授、同济大学梅青教授等作为主讲嘉宾参加专题设计研究营活动。

2016 年 7 月，学院与布列塔尼建筑学院开展联合设计营工作。2016 年 7 月 16—28 日，厦门大学-麻省理工学院联合暑期夏令营在我校举行，暑期营以“地产创业与城市运营”为主题，课程内容与训练项目与麻省理工学院全面接轨，暑

期营中还套办一个“开放论坛”，美国麻省理工学院康宇雄教授，香港大学王缉宪教授，厦门市原副市长潘世建先生，厦门大学马武定教授、赵燕菁教授、戴亦一教授等国内外著名专家学者发表演讲，王慧教授担任项目执委会负责人。

厦门大学-麻省理工学院联合暑期夏令营开幕破冰仪式

2016 年 11 月 1—5 日，斯图加特大学-厦门大学-特里尔应用科技大学 2016 中德工作营(Sino-German Workshop 2016)在我校举行。

三是开展联合设计，公开评图活动。

2015 年 5 月 4 日，金门大学来访，开展公开评图活动。2016 年 4 月 17 日，建筑系副主任(主持工作)王明非副教授等 5 位老师带领三年级 35 位同学赴台湾金门大学进行为期 2 天的建筑设计作业评图及交流活动。2017 年 7 月15 日，海峡两岸四校联合教学评图交流暨“乡村复兴与建筑教育”学术沙龙在我校举行。2018 年 5 月 20 日，苏州大学-厦门大学-青岛理工大学三校联合毕业设计答辩在青岛举行。

2019 年 2 月 26 日，全国建筑学专业 8+联合毕业设计开题调研开幕式在我校克立楼举行。

2019 年 5 月 24 日，王量量副教授指导的团队(陈梦真、蔡柠、陈江畅、李艺琳、田彤、杨月恒)荣获 2019 年度“南粤杯”六校联合毕业设计竞赛一等奖，王量量荣获最佳指导教师奖。2019 年 5 月 28 日，由青岛理工大学、苏州大学、厦门大学、长安大学联合举办，青岛市北建设投资集团有限公司协办的2019“名城四校”建筑学专业联合毕业设计在我校举行。2020年6月6日，郁珊珊、王量量指导黄惠珠、尚烨、薛燕府、黄珊珊、廖静莹、伊丽孜热·居来提、张文浩同学在2020年度“南粤杯”六校联合毕业设计竞赛中荣获二等奖，本次赛事题目是《中山市老安山城市更新片区规划设计》；同一天，学院代表队在“2020年全国高校建筑学专业8+联合毕业设计”中荣获最佳设计奖，参赛同学为王佳琦、姜晚竹、孙裕乔、张芝媛、杨彦之、周雅楠。

（六）积极开展实习实践和实验教学，培养学生动手能力和创新能力

学院重视实习实践活动，2014年出台了《厦门大学建筑与土木工程学院本科生实习经费管理规定》，从制度上对实习活动进行规范管理。

学院注重与校外单位合作，共建实习实践基地。2013年10月获准建设校级大学生校外实践教育基地——交通工程实践教学基地。2015年4月8日，“厦门大学·中国中元国际工程有限公司共建卓越工程师实践教育中心签约暨授牌仪式”在颂恩楼220室举行，副校长邬大光、校长助理张建霖，中国中元董事长丁建、总建筑师谷建、副总建筑师陈自明等出席。

2016年5月，获准建设厦门大学海沧青礁院前社乡村营建校外实践教育基地、厦门大学城市规划校外实践教育基地，7月，获准建设厦门大学丁屋岭校外实践教育基地。2017年1月5日，“厦门大学-海沧青礁院前社乡村营建校外实践教育基地”正式挂牌，副校长邬大光教授、校长助理张建霖教授、新加坡驻厦门总领事池兆森总领事等出席仪式。

2017年5月，获准建设“厦门大学-泉州晋江福林村高校-乡村共建校外实践教育基地”。2018年5月，获准建设“厦门大学鼓浪屿文化遗产保护校外实践教育基地”。2020年4月30日，学院入选3个2020年校级大学生校外实践教育基地建设项目，分别是“厦门大学-中国联合工程有限公司校外实践教育基地”（负责人：王量量）、“厦门大学-中国建筑设计研究院有限公司校外实践教育基地”（负责人：韩洁）和“厦门大学城乡规划校外实践教育基地”（负责人：李立新）。

厦门大学·中国中元国际工程有限公司共建卓越工程师实践教育中心签约暨授牌仪式，副校长邬大光（中）向中国中元国际工程有限公司丁建（左）授牌，院长王绍森（右）主持仪式

学院每年都组织几十支实践队赴全国各地调研实践，让师生深入实际，开展调查研究，了解国情民情社情，把论文谱写在中华大地上。

学院注重加强实验教学，建设好实验教学中心。2013 年 4 月，土木工程实验教学中心入选福建省"十二五"高等学校实验教学示范中心。2016 年 11 月，学院 BIM 虚拟仿真实验教学中心获批福建省省级虚拟仿真实验教学中心。2018 年 8 月，学院和厦门市筑理软件科技有限公司联合设立"三维实景模型数字化应用联合实验室"。

（七）注重教学传承，打造卓越教学团队

百年大计，教育为本，教育大计，教师为本。学校不仅是培养学生、促进学生发展的场所，更是培养教师和促进教师发展的场所。学院注重强化教师思想和职业道德素质，加强专业引领，鼓励互相学习交流，积极组织参与各级教学比赛，发挥老教师"传帮带"作用，促进教师成长成才，取得了良好效果，不少教师在各类教学比赛中获奖，部分教师成长为各级优秀教师，部分团队成长为优秀团队。

王绍森教授 2004 年被评为"福建省优秀教师"。

张建霖教授2010年被评为“福建省第六届高等学校教学名师”。

张建国副教授2019年被评为“中国力学学会全国徐芝纶力学优秀教师”。

李芝也助理教授2019年被评为“福建省高校青年教学新秀”。

2010年4月,土木工程系张建霖教授土木工程力学教学团队荣获2010年度福建省高校省级教学团队。

2018年12月,“土木工程数值仿真”导师团队(负责人:王东东)获批为省级硕士生导师团队。

2019年10月,“城市与建筑文化遗产数字化保护及应用团队”(负责人:王绍森)和“土木工程基础设施智能建设与管养团队”(负责人:古泉)入选省级专业学位研究生导师团队。

在教学比赛中,教师们在省级和校级教学比赛中也频频获奖,2019年,助理教授李芝也荣获福建省教学比赛二等奖。

(八)人才培养质量得到社会认可

就业是最大的民生。学院认真落实国家就业优先战略和积极就业政策,通过开展校企文化交流活动、邀请企业单位到学院招聘宣讲、建立院友信息库、发动学院专业老师参与就业推荐等多种方式为毕业生拓宽就业渠道,基本实现了用人单位和毕业生“双满意”和毕业生薪酬满意度、专业相关度“双高”的目标,实现高质量和充分就业。

在全国性选拔评优方面,学院培养的学子得到认可。2008年9月,2005级建筑系本科生程旭宇同学被推荐为中华全国学生联合会执行主席。土木工程系2004级刘伟、2006级张汉杰、2008级邹超、2009级林友强、2011级葛鹏本科生先后获得2008年度、2010年度、2012年度、2013年度、2015年度中国土木工程学会高校优秀毕业生奖。土木工程系2006级傅建芳、2010级孔建洪、2015级侯远震等本科生先后获中国力学学会全国徐芝纶力学优秀学生奖。

学院狠抓研究生教育质量,2016—2020年,有26篇硕士学位论文入选福建省优秀硕士学位论文。

2016年2月,学院有4篇硕士学位论文入选2015年福建省研究生优秀学位论文,分别是谢育宸的论文《日本传统建筑文化的现代表达》(指导老师:李立新）、周欢的论文《结构损失在线识别及其与振动控制实时相结合》（指导老师：雷鹰）、邱志坚的论文《几类经典岩土类材料弹塑性本构模型及其敏感性分析方法研究》（指导老师：古泉）和丁燕杰的论文《基于社会网络分析的旅游线路设计方法——以鼓浪屿景区为例》（指导老师：李渊）。

2017 年 5 月，学院有 8 篇硕士学位论文入选福建省优秀硕士学位论文，分别为王海容的论文《厦门市厦港片区自发性外部空间研究》（导师：王绍森）、赵建霞的论文《传统街区保护更新中"异质元素"的应用研究》（导师：李立新）、吴俊超的论文《伽辽金无网格法的高效二阶嵌套子域积分方法》（导师：王东东）、李希伟的论文《波动方程特征值问题的新型超收敛有限元分析方法》（导师：王东东）、蔡亲霖的论文《结构健康监测系统下基于影响线的桥梁损伤识别》（导师：陈志为）、刘嘉伟的论文《旅游者时空行为及景点选择影响因素探析——以鼓浪屿为例》（导师：李渊）、初松峰的论文《"奖补并重"活化城市存量土地机制研究——以漳州古城为例》（导师：杨哲）和肖龙珠的论文《基于多源出行数据的城市生活圈体系构建及优化研究——以厦门市为例》（导师：许旺土）。

2018 年 4 月，学院有 5 篇硕士学位论文入选福建省优秀硕士学位论文，分别为华玮的论文《随机移动荷载和随机风荷载统计特征识别》（导师：雷鹰）、罗素娟的论文《基于数据融合的未知力下的卡尔曼滤波新方法及结构动位移实时估计与分散控制》（导师：雷鹰）、梁庆文的论文《高效跨单元积分超收敛等几何分析方法及应用》（导师：王东东）、赵亚敏的论文《当代福建本土建筑造型语言特征与表达研究》（导师：王绍森）和谢嘉宬的论文《旅游社区旅游者和居民的空间冲突评价与优化策略——鼓浪屿实证研究》（导师：李渊）。

2019 年 6 月，学院有 5 篇硕士学位论文入选福建省优秀硕士学位论文，分别为闫树睿的论文《闽南大厝湿热气候适应原型及现代应用》（导师：王绍森）、王家睿的论文《超收敛光滑梯度无网格配点法》（导师：王东东）、苏晗的论文《无模型隔震/减振阻尼器及结构非线性行为的识别》（导师：雷鹰）、杨维彪的论文《基于稀疏正则化的桥梁影响线识别方法及其工程应用》（导师：陈志为）和吴框框的论文《基于土地发展权博弈的农村留用地制度探析——以广州市南沙区为例》（导师：镇列评）。

2020 年 6 月，学院有 4 篇硕士学位论文入选福建省优秀硕士学位论文，分别为祖武的论文《基于 GPS 与 SP 法的街道空间评价研究——以厦门鼓浪屿龙头路为例》(导师:王绍森)、陈思怡的论文《部分观测下基于小波和卡尔曼滤波结合的时变/非线性系统识别》(导师:雷鹰)、卢聚彬的论文《用于智能结构的系统识别与振动控制一体化》(导师:雷鹰)和刘岚岚的论文《积极心理学视角下的大学校园空间优化设计策略研究》(导师:罗林)。

五、抓好科创比赛　培养创新人才

2016年,学院出台了《厦门大学建筑与土木工程学院科创竞赛指导教师奖励试行办法》,鼓励学院教职员工积极参与指导学生参加各类学科竞赛和大学生创新性实验计划,促进学生个性发展,提升学生专业能力、实践能力、创新能力和综合素质。

(一)学院牵头组建的参赛队2次在中国国际太阳能十项全能竞赛中获得优异成绩被学校嘉奖

国际太阳能十项全能竞赛是将太阳能应用、节能减排与建筑设计紧密结合的国际性大学生实验竞赛,堪称科技界的“奥林匹克运动会”。此项赛事于2002年在美国华盛顿首次举办,2011年胡锦涛同志访美期间签署的第一个中美能源合作项目即是2013年首次在中国山西省大同市举办的国际太阳能十项全能竞赛(Solar Decathlon China,简称SD中国),赛事由中国国家能源局、美国能源部联合主办,北京大学承办。

国际太阳能十项全能竞赛的目的是借助世界顶尖研发、设计团队的创意,将太阳能、节能与建筑设计以一体化的新方式紧密结合,设计、建造并运行一座高效节能、有吸引力的太阳能居住空间,从而证明单纯依靠太阳能的住宅一样可以是功能完善、舒适且具有可持续性的居住空间。将这项赛事引入中国,旨在促进我国与国际社会在新能源技术和应用领域的交流与合作,借鉴全球先进理念和做法催生更多新生技术,并以此为契机深入贯彻绿色、清洁、环保理念,促进传统能源向新能源转型和升级,并通过比赛加快太阳能界国际化产学研融合与交流,加快中国清洁能源产业发展与升级，推进相关技术创新、发展和商业化。[①]

2012 年 4 月，学院入围 2013 中国国际太阳能十项全能竞赛决赛，2013 年 8 月与清华大学、北京大学、新泽西理工学院、新加坡国立大学等来自中国、美国、新加坡、瑞典、英国等 13 个国家 22 支参赛队角逐奖项。经过一年多的参赛准备，2013 年 7 月，学校为参赛队举行出征仪式，副校长邬大光教授向指导教师石峰授旗。2013 年 8 月 11 日，2013 中国国际太阳能十项全能竞赛在山西大同落幕，首次参赛的厦门大学获得总分排名第六，能量平衡和热水两个单项并列第一、工程技术名列第四以及本届赛事最大奖——建筑设计单项第五的好成绩，这一成绩在国内参赛高校中仅次于华南理工大学和清华大学。2013 年 10 月，学校发布《关于给予厦门大学中国国际太阳能十项全能竞赛代表队通令嘉奖的决定》，给予厦门大学中国国际太阳能十项全能竞赛代表队全队通令嘉奖。

2013 年 6 月，校长朱崇实（第一排左四）视察比赛作品在厦大思明校区的搭建现场后与师生合影

2015 年，学院再次组队参加 2018 中国国际太阳能十项全能竞赛。2018 年 8 月 17 日，2018 中国国际太阳能十项全能竞赛（简称 SDC2018）在山东省德州市

① 石峰. SD 中国国际太阳能十项全能竞赛参赛申请[Z].厦门大学建筑与土木工程学院办公室资料，2011 年 12 月.

落幕，厦门大学与法国布列塔尼 TSB 协会中的五所高校、山东大学组成 TEAM JIA＋团队，从来自全球 8 个国家和地区 34 所高校 19 支赛队中脱颖而出，荣获总分第三名，电动通勤第三、宣传推广第三、工程技术第四、创新科技第五。

2013 年 7 月，学校为参赛队举行出征仪式，副校长邬大光教授与学院领导和参赛队员合影

2018 年 8 月，参赛师生在山东比赛现场作品前合影

2019 年 4 月 5 日，学校发布《关于给予 TEAM JIA＋团队通令嘉奖的决定》，决定指出：2018 年 7 月至 8 月，TEAM JIA＋团队在 2018 中国国际太阳能十项全能竞赛决赛中勇夺佳绩，产生了良好的社会影响，为学校赢得了荣誉。TEAM JIA＋团队从组建到参赛历时两年半，前后共有我校 300 多位同学参与，

决赛队伍由我校建筑与土木工程学院、艺术学院、航空航天学院、外文学院、能源学院、经济学院、管理学院、法学院和软件学院的49名学生组成，并联合了山东大学和法国高校联队 Team Bretagne 的成员。经校学生表彰奖励评审委员会评审，校长办公会议研究，决定给予 TEAM JIA+团队通令嘉奖。

2018年8月，参赛师生在比赛现场合影

（二）其他重要赛事

学院积极组织学生参与建筑、土木工程、城乡规划等学科专业竞赛，取得良好成绩。在“筑”国际建筑设计竞赛、国际生态住宅设计竞赛、全球建筑毕业设计大奖赛、蓝星杯·第六届中国威海国际建筑设计大奖赛、霍普杯2016国际大学生建筑设计竞赛、亚洲华人学生“闽台文化交流中心”规划与设计竞赛、水晶石杯全国大学生建筑设计竞赛、UA创作概念设计国际竞赛、AIM国际竹建筑竞赛、全国大学生建筑设计优秀作业评选、中国世界建筑博览园国际建筑设计大奖赛、全国大学生绿色建筑设计竞赛、全国大学生绿色校园概念设计大赛、全国周培源力学大赛、第十一届“挑战杯”全国大学生课外学术科技作品竞赛上海世博会专项竞赛、全国大学生结构设计竞赛、全国U30大学生混凝土材料设计大赛、美国大学生数学建模竞赛、全国高校BIM系列软件建筑信息模型大赛、艾景奖·第四届国际园林景观规划设计大赛、中国高等学校城乡规划教育年会、全国大学生移动应用创新大赛(CMAIT)、全国研究生智慧城市技术与创意设计大赛、中国城科会城市大数据专业委员会第一届学生竞赛等取得数百项奖项。

六、抓好队伍建设　提升队伍质量

学院坚持人才是第一资源的理念,坚持培养和引进并重,注意凝聚方向,在学科核心方向下大力气引进人才,逐步形成了一支结构合理、师资力量雄厚的人才队伍。

2006 年,雷鹰教授入选教育部新世纪优秀人才,曹春平、李兵入选"福建省高等学校新世纪优秀人才支持计划"。

2007 年 9 月,胡华教授、王东东教授入选"福建省高等学校新世纪优秀人才支持计划"。

2009 年 1 月,雷鹰教授受聘为福建省"闽江学者"特聘教授。

2010 年 2 月,王东东教授入选 2009 年度"教育部新世纪优秀人才支持计划"。

2011 年 3 月,王绍森教授作为唯一一位来自高校的建筑设计师入选第一批"福建省工程勘察设计大师"。12 月,王东东教授被国际华人计算力学学会授予"国际华人计算力学学会青年学者奖"。

2012 年 7 月,古泉副教授入选 2012 年度"福建省高等学校新世纪优秀人才支持计划"。8 月,王东东教授获得首批国家优秀青年科学基金。10 月,在中国建筑学会年会上,王绍森教授入选"当代中国百名建筑师"。11 月,王东东教授荣获"钱令希计算力学青年奖",马武定教授荣获"福建省工程勘察设计大师"称号。

2013 年 12 月,王东东教授荣获"国际华人计算力学学会 Fellow 奖"。

2014 年 6 月,王东东教授获得 2014 年度福建省杰出青年科学基金资助。

2016 年 6 月,雷鹰教授入选福建省第二批科技创新领军人才。9 月,王东东教授荣获 2013—2016 年厦门市优秀教师。10 月,王东东教授荣获国际华人计算力学学会计算力学奖。11 月,戴志坚教授被中国民族建筑研究会评为"中国民居建筑大师",李渊副教授在"探索与超越·2016 高校 GIS 论坛"上荣获"高校 GIS 新锐奖"。

2018 年 2 月，王东东教授入选“福建省科技创新领军人才”。8 月，王东东教授荣获国际华人计算力学学会奖。12 月，“土木工程数值仿真”导师团队（带头人：王东东老师）获批为省级硕士生导师团队。

2019 年 4 月，赵燕菁教授入选“土木、中国工程院水利与建筑工程学部 2019 年院士增选有效候选人名单”。5 月，王绍森教授荣获“中国建筑设计奖·建筑教育奖”。9 月，王东东教授荣获“杜庆华工程计算方法奖”。10 月，“城市与建筑文化遗产数字化保护及应用团队”（带头人：王绍森）和土木工程系申报的“土木工程基础设施智能建设与管养团队”（带头人：古泉）入选 2019 年省级专业学位研究生导师团队。

2020 年 5 月 7 日，爱思唯尔（Elsevier）正式发布 2019 年中国高被引学者（Chinese Most Cited Researchers）榜单，王东东教授上榜，是厦门大学 24 位上榜学者之一，是全国 14 位计算力学上榜学者之一。

七、加强科研与平台建设

坚持问题导向和需求导向，围绕国家和区域重大需求，积极融入国家和地方创新体系，努力建设科研平台，加强科研团队建设，积极承接国家和地方重大课题，服务国家和地方发展。

（一）平台建设方面

2017 年 8 月 17 日，依托于我院的厦门市交通基础设施智能管养工程技术研究中心被确认为市级工程技术研究中心，获得专项扶持资金 100 万元。2018 年5 月 19 日，厦门市交通基础设施智能管养工程技术研究中心（简称工程中心）技术委员会成立。

2019 年 6 月 13 日，厦门市文化遗产数字化保护与应用重点实验室（筹）第一次学术委员会在学院举行，推动厦门市文化遗产数字化保护与应用重点实验室（筹）建设工作。

(二)科研方面

学院开展科学研究和社会服务,部分教师定聘到厦门大学建筑设计研究院、厦门大学城乡规划设计研究院有限公司拓展建筑设计、结构设计、规划设计等研究活动,教学和科研并重,学术气氛浓厚,发展形势良好。30 年来,承担各类科研课题 500 余项,其中包括国家"863"课题 5 项,国家基金 31 项,中外合作项目 2 项,省部级项目 52 项。已出版专著 80 多部,发表学术论文 1500 多篇,其中 SCI、EI、ISTP 收录 400 多篇,获得省部级以上科研成果奖 50 多项,其中获得国家自然科学二等奖 1 项,国家优秀建筑设计铜奖 1 项,教育部科技进步一等奖 1 项,中国高校科技进步奖一等奖1 项,建设部优秀建筑设计二等奖 2 项、三等奖 5 项,教育部优秀建筑设计奖二等奖 3 项、三等奖 6 项,教育部优秀建筑结构二等奖 1 项,文化旅游部论文论著类一等奖 1 项、二等奖 1 项,中华优秀出版物(图书)奖 1 项,福建省科学技术进步二等奖 1 项,福建省优秀建筑设计奖一等奖 4 项、二等奖 2 项、三等奖 5 项,福建省优秀创作奖一等奖 3 项、二等奖 7 项、三等奖 8 项,福建省省级优秀规划设计奖一等奖 2 项等。2018 年,张若曦负责的《城市社区更新:理论与实践(厦门卷)》一书获得国家"十三五"重点图书基金项目资助,该书是《城市社区更新:理论与实践》系列丛书的其中一本。

2018 年 10 月,张若曦(左一)参加"十三五"国家重点图书出版规划项目《城市社区更新:理论与实践》丛书启动会

资料来源:张若曦

八、抓好学科与专业建设

学科建设是学院建设和发展的核心，是学院办学水平的主要标志。学院注重加强学科建设，不断提升学科建设水平。目前学院设有建筑学、土木工程、城乡规划、工程管理4个本科专业，设有建筑学（含城市规划）、土木工程2个一级学科硕士点，“建筑学硕士”专业学位授权点、“建筑与土木工程”（2019年调整为“土木水利”）工程硕士专业学位授权点，自主设置“文化遗产与城市建设”“建筑环境监测及防护”2个二级学科博士点。

1987年获准设立建筑学本科专业，1999年获准复办土木工程本科专业，同年获得“建筑设计及其理论”专业硕士学位授权点，2003年获“结构工程”硕士学位授权点，2005年6月，获得建筑与土建学科工程硕士学位授权点，获得建筑学、土木工程、力学3个一级学科硕士学位授权点。2008年7月，建筑学专业入选2008年度福建省省级第三批本科教育特色专业。2009年获准设立城乡规划本科专业。2012年10月，建筑学、土木工程学科被评为“福建省省级重点学科”。2014年4月，学院向学校提交申请设立“文化遗产与城市建设”“建筑环境监测及防护”2个二级学科博士点，后经学校审定，同意设立。2016年2月16日，经教育部批准，学院设置工程管理专业。2019年6月20日，学院建筑学、土木工程、城乡规划专业入选福建省一流本科专业建设计划。

国务院2015年10月印发了《统筹推进世界一流大学和一流学科建设总体方案》，按照“以一流为目标”“以学科为基础”“以绩效为杠杆”“以改革为动力”统筹推进世界一流大学和一流学科建设，“使之成为知识发现和科技创新的重要力量、先进思想和优秀文化的重要源泉、培养各类高素质优秀人才的重要基地，在支撑国家创新驱动发展战略、服务经济社会发展、弘扬中华优秀传统文化、培育和践行社会主义核心价值观、促进高等教育内涵发展等方面发挥重大作用”。①

学院积极响应国家和学校的号召，结合学院实际情况，主动融入相关学科，开展“双一流”建设。2017年3月21日，校长朱崇实一行来院开展“双一流”建

① 国务院.关于印发《统筹推进世界一流大学和一流学科建设总体方案》的通知[EB/OL].（2015-10-24）[2015-11-09]. https://wenku. baidu. com/view/1fd1fc29d0d233d4b-14e69e3.html.

设专题调研，学院向学校汇报了“双一流”建设的方案。6 月 20 日，全国高等学校建筑学学科专业指导委员会原主任仲德崑教授莅临学院，对学院申报的“文化遗产保护与传承设计研究”、“双一流”建设方案进行第一轮专家咨询论证。6 月 21 日，中国科学院钱七虎、赖远明、郑颖人 3 位院士对学院申报的“海岸带城市建设工程科研团队”出具专家论证意见书，支持学院申报“双一流”学科建设科研团队建设。6 月 22 日，华南理工大学孟庆林教授莅临学院，对学院申报的“绿色建筑与节能”、“双一流”建设方案进行第一轮专家咨询论证。

2017 年 6 月 28 日，上海软科发布 2017“软科世界一流学科排名”(Shanghai Ranking's Global Ranking of Academic Subjects)，土木工程专业排名为世界前 151—200 名。

九、积极开展对外合作与交流

学院坚持开放办学，大力推进国际化进程，提升国际化办学能力，提升学科全球竞争力和影响力。坚持“引进来”和“走出去”相结合，推进与国外高水平大学广泛开展教师互派、学生互换、学分互认和学位互授联授等合作项目，继续深化落实与英国卡迪夫大学、纽卡斯尔大学，法国布列塔建筑学院，意大利帕维亚大学，西班牙拉塞尔大学，美国天主教大学等的交流合作协议。

（一）与联合国教科文组织等合作，开展海上丝绸之路沿线城乡聚落文化遗产保护与价值提升项目

2019 年 4 月 28 日，校长张荣代表厦门大学参与制定《关于“海上丝绸之路沿线城乡聚落文化遗产保护与价值提升”的合作备忘录》。合作的三方分别为厦门大学(建筑与土木工程学院为执行主体)、意大利国家研究委员会(保护文化遗产研究中心为执行主体)、联合国教科文组织亚太地区世界遗产培训与研究中心(上海)。

校长张荣(左三)出访意大利,院长王绍森(左二)陪同

三方机构将文化遗产视作可持续发展和《联合国 2030 年可持续发展议程》及《新城市议程》落实的动力,旨在推动培训及研究项目,将文化遗产保护与城市和领土发展倡议联系起来,并在意大利和中国以及亚太地区创造当地和国际的协同效应,开展"海上丝绸之路沿线城乡聚落文化遗产保护与价值提升"的战略合作。合作内容主要包括培训与能力培养,"海上丝绸之路沿线城乡聚落文化遗产保护与提升"的研究活动,开展培训和案例研究及与其成果相关主题的研讨会,在国际出版研究、培训活动及研讨会议的最终成果等。7 月 15 日,张荣校长出访意大利,社科处处长高和荣,国际处副处长余宏波,院长王绍森,建筑系副主任(主持工作)张燕来、助理教授韩洁陪同前往,拓展学校与意大利国际研究委员会的合作关系。

(二)积极开展对外合作、人员互派互访活动

学院积极与海内外高校开展校际合作,开展师生互派互换互访,促进学术交流。

2008 年 12 月,厦门大学与意大利帕维亚大学签署交换博士研究生的国际框架协议,副院长雷鹰教授为项目实施的中方负责人。

2014年2月14日，在西班牙拉塞尔大学（La Salle University）建筑学院，学院与巴塞罗那拉塞尔大学建筑学院正式签署双方合作协议，主要内容包括学分互认、教师互访、课题共同参与、招收培训班等项目。7月9日，英国中央兰开夏大学（University of Central Lancashire，UCLan）自然与建设学院院长Akin教授来我院访问。7月10日，新西兰惠灵顿维多利亚大学建筑与设计学院（Faculty of Architecture and Design）院长罗宾·斯金纳（Robin Skinner）博士、设计系（School of Design）主任（head of school）Margaret Maile Petty访问我院。8月，英国纽卡斯尔大学Andy教授访问我院。9月1日，英国纽卡斯尔大学Ella副校长来我院座谈。10月，英国纽卡斯尔大学建筑规划与景观学院建筑系主任Graham Farmer博士及建筑系特聘西班牙籍教师Josep-Maria来我院访问。

2015年1月5日，台湾大学土木工程系主任吕良正教授来访。1月7日，加拿大卡尔加里大学副教务长Prof. Janaka Ruwanpura来访。4月6日，英国纽卡斯尔大学副校长Richard Davies来访。4月23日，学院与CCDI悉地国际签署战略协作协议。5月8日至17日，英国纽卡斯尔大学艺术学院院长Peter教授、国际事务处负责人Gerard教授、建筑规划与景观学院Andy博士来我院进行了为期一周的研讨会（workshop）和调研。6月26日，金门大学都市计划与景观系主任庄翰华教授一行37名师生来我院交流。9月16日，德国特里尔应用科技大学设计学院院长Matthias Sieveke教授一行来访。11月11日，纽卡斯尔大学国际处处长John Terry等一行3人来访

2016年4月4日，德国特里尔大学校长米歇尔·耶克尔（Michael Jäckel）访问我院。4月28日，英国卡迪夫大学地理与规划学院院长保罗·密尔本（Paul Milbourne）教授一行3人来访。

2017年1月22日，厦门大学-北京建谊投资发展（集团）有限公司-香港图软亚洲有限公司北京代表处三方签署战略合作框架协议。7月5日，新西兰惠灵顿维多利亚大学校长Grant Guilford教授一行3人来访。10月25日，澳大利亚阿德莱德大学建筑与建筑环境学院代表团来访我院。

德国特里尔大学校长米歇尔·耶克尔(Michael Jäckel)(左三)访问我院,院长王绍森(左二)、建筑系副主任张燕来(左一)向客人介绍经典建筑模型

2018 年 5 月 11 日,日本北海道大学校长名和丰春(Toyoharu Nawa)教授、该校国际部国际合作科科长斋藤幸义(Yukiyoshi Saito)先生及日本 Eimes 株式会社董事长山北吉郎(Yoshiro Yamakita)先生一行来访。6 月 1 日,学院与加拿大木业协会代表开展学术交流会。6 月 2 日,学院举行 BIM 双创合作基地签约暨 BIM 教学研讨会。9 月 15 日,学院举办城乡规划专业毕业设计教学改革研讨会,全国城乡规划专业教学指导委员会副主任赵万民教授等出席会议。

(三)积极开展学术讲座

学院积极邀请海内外著名专家学者来访并开展学术讲座,惠泽师生。

2008 年 12 月,中国人民解放军后勤工程学院军事建筑工程系郑颖人院士举办题为“有限元极限分析方法在边坡、基坑和地基中的应用”的南强学术讲座。

2009 年 5 月,中国工程院院士、台湾云林科技大学校长、奥地利外籍院士杨永斌教授来访并做题为“结构稳定与动力研究”的南强学术讲座,副校长赖虹凯出席并授予杨永斌南强讲座牌。6 月,美国国家科学基金土木、机械与制造技术创新部传感和传感系统项目主任 Liu Shih-Chi 博士和减灾与结构工程项目主任 Singh Mahendra P.教授做南强学术讲座，题目分别为 Biosensing and Bioactuation：Interface of Living and Engineering Systems、Research on Hazard Mitigation and Structural Systems—An International Perspective。6 月，美国麻省理工学院 Jan Wampler 教授来校访问，并做题为 The Space Between—" The Next Challenges"的南强学术讲座报告。7 月，清华大学"长江学者奖励计划" 特聘教授任伟新做题为"结构健康监测中的几个基本问题及其进展"的南强学术讲座。

2009 年 5 月，台湾云林科技大学校长杨永斌(左)来访，副校长赖虹凯(右)授南强讲座牌

2011 年 4 月 1 日，2010 上海世博会"中国馆之父"、中国工程院院士何镜堂教授受邀主讲厦门大学 90 周年校庆活动之"走近大师"系列首场讲座"文化传承与建筑创新"。4 月 8 日，著名校友、美国工程院院士林幼堃教授以"随机结构振动——兼谈我的人生和研究经历"为题主讲南强学术讲座。5 月，"长江学者"、国家杰出青年科学基金获得者、哈尔滨工业大学李惠教授在图书馆五楼报告厅为我校师生做了题为"土木工程智能结构"的南强学术讲座。

2011 年 4 月 1 日，上海世博会“中国馆之父”、中国工程院院士何镜堂教授受邀主讲厦门大学 90 周年校庆活动之“走近大师”系列首场讲座

2011 年 4 月 8 日，著名校友，美国工程院院士林幼堃教授以“随机结构振动——兼谈我的人生和研究经历”为题主讲南强学术讲座，副校长赖虹凯向林幼堃院士颁发南强学术讲座牌

2013 年 10 月 30 日，台湾结构工程技师全联会理事长蔡荣根博士主讲题为“台湾地震防救灾科技之研发与应用”的南强学术讲座。11 月 7 日，加拿大康考

迪亚(Concordia)大学 Suong Van Hoa 院士于校图书馆五楼报告厅主讲题为“发展特殊热塑性复合材料结构的自动化纤维铺层技术”的南强学术讲座。12 月 6 日,何镜堂院士主讲题为“社会、文化、创作”的南强学术讲座。12 月 7 日,美国建筑师协会院士(FAIA)、台湾杰出建筑设计大师潘冀先生主讲题为“扎根与探索——建筑的挑战与使命”的南强学术讲座。

2014 年 11 月 8 日,德国斯图加特大学建筑规划学院副院长 Jocher 教授、德国特里尔大学孔子学院院长李毅教授来访,Jocher 教授做了题为 Eight Points of a Todays Architecture(今日建筑八点)的学术讲座。11 月 10 日,台湾淡江大学建筑系主任黄瑞茂教授一行来访,做了题为“淡江大学建筑教育”“以知识为基础的设计:设计教学的再思考”的讲座。

2015 年 1 月 12 日,日兴设计·上海兴田建筑工程设计事务所总经理、总建筑师王兴田教授来访,为师生主讲“‘土·木’再释”讲座。1 月 19 日,英国卡迪夫大学环境政策与规划领域的副教授 Andrew Flynn 来访,做了题为 Eco-cities, Governance and Sustainable Lifestyles 的学术讲座。11 月 11 日,国家级教学名师,天津大学建筑学院教授、博士生导师王其亨教授来校主讲题为“中国古代建筑设计揭秘——以清代样式雷图档中的平格为例”的南强学术讲座。

2016 年 2 月 16 日,台湾新竹交通大学土木工程系主任曾仁杰教授来访,做题为“新竹交通大学土木工程学系特色研究介绍”和“智能科技于工地安全应用”的报告。3 月 16 日,日本法政大学大学院政策创造研究科准教授恩田重直博士来访主讲“民国时期厦门骑楼建设”,新加坡国立大学设计与环境学院助理教授陈煜博士主讲“海外华人与中国性:新加坡华族传统复兴式建筑”。3 月 31 日,美国工程院院士阿尔弗雷德·昂(Alfred H-S. Ang)教授来校做题为 An Intuitive Basis of the Probability Density Evolution Method (PDEM) for Structural Dynamics 的学术讲座,福州大学土木工程学院卓卫东教授(原副院长)来校做题为“近断层地震动对工程结构的影响研究”的学术讲座。

2016 年校庆期间,学院邀请了王建国院士、程泰宁院士、崔愷院士等来校主讲南强学术讲座。

2016 年 4 月 18—24 日,意大利米兰理工大学建筑与城市研究系副教授朱塞佩·贝特兰多·博凡蒂尼(Giuseppe Bertrando Bonfantini)来校访问,开展 Planning Historic Urbanscapes for Tomorrow 系列讲座。

2017 年 7 月 6—10 日，澳大利亚新西兰建筑科学委员会主席、新西兰惠灵顿维多利亚大学建筑与设计学院院长马傲林(Marc Aurel Schnabel)教授来校主讲"创新、叙事与信息共享——基于文脉视角的数字遗产学术交流—厦门"系列学术讲座。

2018 年 3 月 29—30 日，新西兰惠灵顿维多利亚大学日在我校举行，30 日下午，该校建筑与设计学院院长马傲林为我院师生做了一场"建筑设计包容"的讲座。

2018 年 9 月 17 日晚，RCR 建筑事务所的设计核心、"普利兹克建筑奖"获得者拉斐尔·阿兰达(Rafael Aranda)在我院主讲"本土建筑实践之路"学术报告。

2018 年 11 月 14 日，学院"大师面对面"南强讲座在曾呈奎楼 118 报告厅举行，讲座由田中群院士和院长王绍森邀请的阿姆农·雷赫特(Amnon Rechter)先生主讲，题目是 From An Original Idea to An Iconic Building—A Journey in Search for Inspiration 。

阿姆农·雷赫特(左六)与学院部分教师合影

(四)举办学术会议

1. 学院注重加强与中国台湾开展学术交流与合作

2006 年 2 月，学院举办海峡两岸土建道路交通学术论坛，增进两岸学者交流与合作。2013 年 10 月 17—18 日，2013 第十三届海峡两岸大学的校园学术研讨会在我院召开，海峡两岸著名高校建筑学院院长和专家 40 余人与会，副校长邬大光出席开幕式并致辞。2015 年 8 月举办第六届两岸四地高校师生土木工程监测与控制研讨会。2015 年 12 月举办第一届全国结构健康监测技术研讨会暨首届“两岸四地”结构健康监测发展论坛。2015 年 12 月 22 日，都市・乡愁“TEAM20 两岸建筑与规划新人奖”优秀作品巡展暨海峡两岸都市更新与“新乡村”发展论坛在我校举行，台湾建筑教育家夏铸九莅校做南强学术讲座，TEAM20 组委会大会执行长魏孝宇，台湾都市计划学会前理事长、台北科技大学设计学院院长彭光辉教授，厦门市城市规划学会会长马武定教授等两岸学者与会，厦门大学副校长邬大光致辞，学院党委副书记黄宇霞主持会议。

2013 年 10 月第十三届海峡两岸大学的校园学术研讨会，副校长邬大光（第一排左九）出席

2. 学院注重加强与行业协会的交流

2006 年 12 月举办了福建省土建学会建筑师分会 2006 年学术年会，2008 年 10 月举办了全国建筑教育研讨会。2013 年 9 月 10 日，举办《高等学校建筑学本科指导性专业规范（2013 年版）》宣传贯彻会，同年 11 月 30 日，教育建筑可持续设计专题学术研讨会暨中国建筑学会建筑师分会教育建筑学组四届五次学术年会筹备会在我校顺利召开，何镜堂院士出席会议并发表讲话。2015 年 6 月 13 日，学院承办的中国建筑学会工程管理分会青年委员会学术年会在 118 报告厅举行。2016 年 11 月 26—27 日，中国城市规划学会城乡治理与政策研究学术

委员会2016年学术年会在学院曾呈奎楼举行，本次会议由中国城市规划学会、厦门大学主办。

2016年11月，中国城市规划学会城乡治理与政策研究学术委员会2016年学术年会

3. 连续协办十届全球建筑大师论坛

2014年7月1日，2014全球建筑大师论坛在厦开幕，新生代日本建筑师藤本壮介(Sou Fujimoto)以及美国知名建筑设计大师、Arquitectionica建筑设计事务所创始人本纳道·霍(Bernardo Fort)来厦担任主讲嘉宾，论坛由厦门市规划局和厦门日报社共同主办，厦门大学建筑与土木工程学院、厦门市规划协会协办，院长王绍森教授担任论坛主持人(此后连续九届学院均参与协办，王绍森教授均担任主持人)。

2014年11月16日，“第二届建筑大师论坛”在厦门国际会展中心举行，大陆一线建筑设计师刘家琨和台湾地区著名建筑设计师谢英俊亲临论坛。

2015年3月5日，西班牙拉塞尔大学建筑学院院长罗伯特·特拉达斯教授来访，3月6日，“第三届全球建筑师论坛”举行，西班牙建筑巨匠罗伯特·特拉达斯和日本空间结构大师小岛一浩主讲。

2014 年 7 月，院长王绍森(左一)担任首届全球建筑大师论坛主持人

2015 年 6 月 23 日，“第四届全球建筑大师论坛”在国际会议中心音乐厅举行，论坛邀请普利兹克奖获得者、日本建筑师西泽立卫担任主讲嘉宾。

2015 年 11 月 14 日，“第五届全球建筑大师论坛”在厦门会展中心举行，承孝相担任主讲嘉宾。

2016 年 3 月 6 日，“第六届全球建筑大师论坛”在厦门会展中心举行，全球著名的新生代建筑大师藤本壮介解读其享誉国际的代表作品和建筑理念。

2016 年 5 月 7 日，“第七届全球建筑大师论坛”在厦门会展中心举行，国际知名的中国新一代建筑师马岩松和以现代风格著称的国际著名设计师梁志天担任主讲嘉宾。

2017 年 3 月 6 日，“第八届全球建筑大师论坛”在厦门国际会展中心国际会议厅开讲，中国著名建筑师、美国注册建筑师张永和担任主讲嘉宾。

2018 年 3 月 6 日，“第九届全球建筑大师论坛”在国际会议厅开幕，本次论坛主题为“内境・外象”，由中国台湾著名建筑师、大元建筑工场创始人姚仁喜担任主讲嘉宾。

2019 年 3 月 6 日，学院协办的“第十届全球建筑大师论坛”在厦门会展中心举行，来自中国台湾的著名建筑师黄声远担任主讲嘉宾。

4. 其他学术会议

2009 年 6 月，学院承办“客家土楼论坛：需要吸取的经验与教训，过去，现在和未来暨国际客家土楼联盟（International Hakka Tulou Association，IHTA）成立仪式”。9 月，德国莱法州代表团一行十数人访问我院，与厦门市环保局，中科院城市环境研究所，厦门 COBRA 生物柴油公司，厦门大学建筑与土木工程学院、环境学院、经济学院等单位的领导及代表一起举行“中德建筑节能交流与合作会谈”，会谈由我院雷鹰副院长、杨哲副教授和德方卢红雁博士共同主持。

2011年3月，学院承办的2011年公路隧道安全设计与运营管理暨水下隧道建设技术国际会议在厦大举行。10月，举办“土木工程结构创新性与可持续发展国际研讨会”。

2011年10月，“土木工程结构创新性与可持续发展国际研讨会”

2013年6月22日，由学院主办的2013土木工程防灾减灾青年学者学术交流研讨会于厦门大学化学报告厅举行。12月7—8日，第20届当代中国建筑创作论坛在我校举行，何镜堂院士、潘冀先生等80多位著名设计师出席会议，新华网、中新网、中国广播网、《厦门日报》、《海西晨报》等多家媒体进行了报道。

2013年12月，第20届当代中国建筑创作论坛，何镜堂院士（第一排右七）出席

2015年5月9日，福建省首届建筑规划土木研究生（大学生）论坛暨第五届土建类研究生学术交流论坛在我院举办。2015年10月31日—11月1日，第24届全国结构工程学术会议在我校召开，本次会议参会人员近300人，副院长雷鹰教授任大会主席，古泉教授任会议秘书长，校长助理张建霖教授致欢迎辞，土木工程系推荐的论文分获中青年优秀论文一、二等奖各1篇。

2016年5月11日，举办厦门大学-辛辛那提大学中美青年城市可持续发展研讨会。7月，举办地产创业、城市运营和社会责任开放论坛。8月26—28日，第十五届现代数学和力学学术会议在我校举行，学院王东东教授担任会议主席。9月9—11日，学院和福建省青年建筑师协会联合举办“民宿客栈与地产创新两岸研讨会”。11月5—6日，第十八届华东固体力学学术会议在厦门大学顺利召开，学院王东东教授担任会议主席。12月1—2日，第十四届中国建筑企业高峰论坛在厦门宾馆举行。

2016年8月，第十五届现代数学和力学学术会议

2017年7月15日，海峡两岸四校联合教学评图交流暨“乡村复兴与建筑教育”学术沙龙在我校举行。9月12日，“2017年全国高等学校建筑设计优秀教案和教学成果评选活动”在我校成功举办。12月1—3日，“2017年中国离散系统仿真技术及其应用学术年会暨2017‘仿真与建设工程应用’全国研讨会”在我院举办。12月16日，“当代建筑创作与教育”学术论坛在克立楼三楼报告厅举行。

2018年5月31日，学院承办2018年厦门市“智慧建筑技术论坛”。6月2日，举办BIM双创合作基地签约暨BIM教学研讨会。9月15日，举办城乡规划专业毕业设计教学改革研讨会。11月10—11日，举办第三届旅游行为研究学术研讨会暨鼓浪屿“文化遗产、社区及旅游发展”论坛。12月8日，举办2019年全国建筑学专业“8＋1＋1”联合毕业设计筹备会。12月9日，由学院主办的“振兴乡村”之福林村乡村的传承与振兴论坛在中国传统村落、福建省历史文化名村福林村成功举行。12月28—30日，举办2018年桥梁结构防震减灾与工程创新会议。

2019年2月26日，全国建筑学专业8＋联合毕业设计开题调研开幕式在厦门大学克立楼3楼报告厅举行。3月16日,学院主办2019UACF第八届执委会预备会议。5月28日,2019“名城四校”建筑学专业联合毕业设计在我校举行。6月6日,2019建筑与文化国际学术研讨会筹备会在学院举行。6月13日,2019全国建筑学专业8+联合毕业设计暨鼓浪屿计划——作为世界文化遗产的“历史国际社区”更新论坛在我校化学报告厅举行。6月23日,“开放与融合”第八届城市建筑文化论坛在厦大思明校区科艺中心音乐厅举行,论坛以开放与融合为主题,探讨建筑文化如何在开放中得以丰富和发展,在融合中坚定自信、加速创新,论坛由厦门大学建筑与土木工程学院、华侨大学建筑学院、福建省建筑设计研究院有限公司主办。7月21日,“合诚杯”福建省第十二届大学生结构设计竞赛在厦门大学科艺中心二楼音乐厅圆满落幕,我校四支参赛队伍分获特等奖,第一、二、三等奖。11月9—10日,2019建筑与文化学术讨论会在我校举行,此次会议的主题为“交流与交融:‘一带一路’背景下的建筑与文化”,会议针对文化交流背景下的地区建筑、文化交融中的当代新地域建筑、学科交叉与技术介入的建筑文化等相关议题进行探讨与研究。11月16日,“新乡村主义2.0”厦门大学第五届新乡村发展论坛顺利召开。12月18日,“2019年闽浙木拱廊桥全国高校巡回展暨非遗进校园系列活动”在学院举行。

2019年6月,第八届城市建筑文化论坛

2020年1月10日，文化遗产保护数字化及国家标准制定研讨会在学院举行。7月15日，由厦门大学建筑与土木工程学院与印度尼西亚万隆克里斯汀·玛拉拿塔大学(Universitas Kristen Maranatha)艺术与设计学院联合举办的“中国东南沿海地区与印度尼西亚的建筑文化交流/People to People cultural exchange: Architecture, South China—Indonesia through historical sea route”系列研讨会在线上如期举行，来自两校的老师、同学约150人次听取了此次汇报。

(五)师生积极出国出境开展学术交流活动

学院坚持“请进来”与“走出去”相结合。学院每年都派出约30人次教师出国出境参加国际及两岸学术会议、主讲学术讲座、公开评图、科研合作研究及交流访问等活动。学院鼓励学生出国境学习与交流，每年约30人次学生出国出境参加国际学术会议、国际和港澳台交流项目及暑期项目和学术竞赛等。学院还选派一部分硕士学历的教师到新加坡、中国台湾等境外攻读博士学位。

1981年秋，洪敦枢教授(第一排左二)参加“中国大学教务长代表团”访问英国

2012年3月14—22日，福建省建筑设计大师、学院王绍森教授作为厦门市专家应邀出席澳洲“中国园林文化”活动，发表以“中国古典园林文化与现代生活”为题的公开演讲，并两次指导了“园林设计及本土植物应用”互动工作坊。同

月，王东东教授受邀推荐担任第287届中国科协青年科学家论坛执行主席，本届论坛由北京理工大学爆炸科学与技术国家重点实验室牵头申请，主题为“工业重大爆炸灾害致因机理与防控前沿技术”。

2015年4月23日—5月3日，院长王绍森教授率团访问美国迈阿密大学，杨哲副教授、洪世键副教授和王量量助理教授陪同访问。

十、抗震救灾爱无疆　血水亲情万年长

2008年5月12日，四川发生大地震，灾情严重，牵动着全国人民的心，厦门大学的师生、海内外的校友们也时刻牵挂着灾区的人民，竭尽所能地为灾区的人民加油，祈福！

2008年5月14日，住建部要求厦门派专家组援建灾区，5月16日厦门确定16名专家援建，厦大建筑与土木工程学院副教授张鹏程光荣入选，并担任专家组临时党支部书记，专家组组长为厦门市建设局副局长、厦门大学兼职教授林树枝。5月17日，专家组到达成都，5月18日，被分配到绵阳援建，负责排查所有中小学、家属院等建筑物的安全。张鹏程后来被评为“福建省抗震救灾先进个人”。

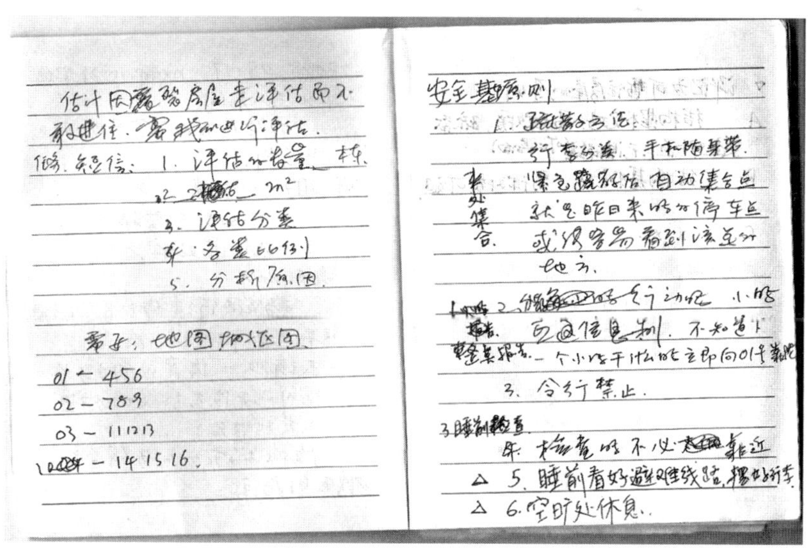

张鹏程的抗震救灾工作日记

图片来源：张鹏程

其时，张鹏程刚从日本访学回国不久，他向专家组成员介绍了日本的抗震救灾经验和方式，共同商讨科学救灾方法，对专家组成员进行了合理分工，带上专业救援设备，在绵阳地区很快展开工作，表现出色，卓有成效，第二天就被当地报纸报道，受到当地政府建设局高度重视与信赖，此后当地政府经常点名让厦门专家组参加一些艰难的援建任务。

张鹏程在危房里排查

图片来源：张鹏程

在震损房屋安全性能检查过程中，余震仍有发生，专家们要随时应付各种突发危险。在张鹏程的提议下，厦门专家队执行准军事化管理，为了尽可能减少专家组成员的风险，专家们平时都只背着一个工作小包，以便随时撤离，必要时放弃全部行李逃生。专家们到达某一个地点后，一般都是分组行动，分组行动时的地点就是大家应急集合的地点。一般每 4 人为一个小组，在检查危险建筑时，2 人入内，2 人在外面检查，一旦遇险，能自救；16 位老、中、青专家都遵守集结出发时像战士一样报数以节省时间，提高效率，相互问候。

5 月 18 日凌晨，厦门专家组请缨来到了情况十分复杂的绵阳储备粮库，检查灾情。一幢幢巨大的粮仓建筑，外观没有明显裂痕，其内装满十几米高的小麦，能否安全打开仓门，发放粮食？他们找来高粮仓结构图纸，详细了解建筑物结构，冒着危险爬房顶，进粮仓，逐一排查问题，顺利完成这一非常艰巨的任务。

在绵阳某家属院进行排查时，遭遇了青川发生6.0级余震，起初他们不知道发生了地震，只是突然看到地上尘土飞扬，接着阵阵凉风吹来，让人不寒而栗，终于有人反应过来说"又震了"，恐惧随之而来，压得大家喘不过气来，空气紧张得令人窒息，大家紧张得没有一个人叫喊得出声音，所有的人本能地迅速寻找安全的地方避险。张鹏程说，这时他才知道，在感受到死亡恐惧的时候，人压根儿没法喊叫，发不出声音。这种寂静，让人觉得非常可怕。在这要命的时刻，手机又没有信号，与外界彻底失去联系，更加让人觉得生命的无助和弱小。专家小组一行6人仓皇之中看到了一株大树，一致认为大树底下相对安全，粗壮的树枝可以支撑起生存的空间，专家们冲到大树下后发现了一圈电缆卷轴，里面已经坐着一对老夫妻，专家组成员站在老夫妻附近一起避险。过了10来分钟，手机信号才有了显示。专家们接到了建设部驻灾区领导的短信和厦门打来的慰问电话，问他们是否安全，这一刻，专家组成员们感受到了浓浓的暖意。

在救援过程中，安全、卫生、休息、健康这些在平常看来似乎是理所当然的事情，在灾区却成了奢侈品，危险随时来临，到处是垮塌的房屋，卫生状况差，健康受到威胁，休息没有保证。张鹏程说，在援建过程中，他时常累得一坐下就睡着了，好长时间没有刮胡子，现在看以前抗震救灾的照片时，时常要费很大的劲才能找到自己，还总是怀疑，那真的是自己吗？有一次，厦门大学领导去灾区慰问，硬是没有认出他来。在那种情况下，生病了，也不好意思说。

5月22日，张鹏程来到了一个只有祖孙二人的家庭，家里很简单，没有什么像样的物品。他走进家里排查隐患，看到一个活泼可爱的小男孩在地上倒立放置了2个啤酒瓶，原来这是小孩自制的地震预警装置。只要一有地震，倒立着的啤酒瓶会倒下来发出响声，提醒人家撤离。这一场景，令张鹏程心里想："我们是不是可以在地震预警方面做一些什么呢？"回到厦门后，他研究发明了一项专利，名叫梁柱式临震报警器。2009年，他与其他几位专家参与策划并承担了实施厦门市中小学校抗震安全加固工程，开展的"中小学抗震加固综合技术研究"项目荣获福建省2012年度科学技术进步奖三等奖。

小朋友自制的地震预警器

图片来源：张鹏程

5 月 25 日，根据上级命令，由于堰塞湖泄洪，为确保安全，专家组需撤离灾区，当地政府拟在绵阳大剧院召开撤离大会，张鹏程和专家组其他成员一起在会前来到剧院，对建筑进行安全评估，发现建筑物虽然结构基本完好，但外墙已破裂，不少支座已经损坏变形，剧院外面的建筑较多，疏散口有限，加上随时可能有余震，专家组向会议主办方建议改变会议地点，到中学的操场去开会。很快，主办方接受了专家组的建议，成功举行了一个平平安安的撤离大会。在那样的条件下，能够平平安安开一个大会，是一件多么不容易的事情！碰巧，在这样一个特殊的日子里，厦大兼职教授林树枝度过了自己的生日。

十一、万众一心抗击台风“莫兰蒂”及灾后自救

2016 年 9 月 15 日凌晨，台风“莫兰蒂”以超强台风级在厦门登陆，登陆时中心最大风力 15 级(48 m/s)，是中华人民共和国成立以来登陆福建省的最强台风，重创厦门市，造成大量变电站停运，全市大面积停电，岛外地区更加严重，厦门全市水厂因外线故障导致水厂停电，全市停止供水，厦门市 65 万棵树倒伏，房屋损毁 17907 间，农作物受灾面积 10.5 万亩，直接经济损失 102 亿元。由于受灾面广，福建各地发生人员因灾死亡 18 人、失踪 11 人，其中受灾严重的泉州市死亡 9 人、失踪 8 人。“莫兰蒂”的风雨云系波及华东福建、广东、江西、浙江、上海、江苏等 11 个省市，在中国大陆共造成 28 人死亡、49 人受伤、18 人失踪。另

外,“莫兰蒂”擦过台湾南部时也给台湾造成严重影响,当地因灾死亡2人。

钟林美广场受灾情况

资料来源:郑莉,赖炜芳,欧阳桂莲.众志成城 共担风雨——厦门大学师生防抗台风“莫兰蒂”纪实[N].厦门大学新闻网,2016年9月15日.

“莫兰蒂”给学校也造成重大损失,校园大批树木倒伏,校内交通一度中断,不少地方积水严重,深达尺余,美丽校园一片狼藉。9月16日清晨6时许,厦大受灾情况上报后,受到教育部和各级党委政府高度重视和关注。教育部部长陈宝生给校党委书记张彦发来短信,询问灾情,向战斗在抗台一线的师生表示亲切慰问,要求学校科学施救、科学抢修,保证学校正常的生活秩序,力争节后基本恢复正常教学科研秩序。教育部党组副书记、副部长杜玉波,副部长朱之文,福建省副省长李红分别给学校打来电话,了解灾情,指导救灾工作。厦门市市长裴金佳给校领导打电话,转达福建省委书记尤权对厦门大学全体师生的慰问,希望学校把师生人身财产安全放在第一位,裴市长也询问了学校受灾情况和抢险救灾工作,指示厦门市有关领导和部门全力帮助厦大抢险救灾。福建省电业局、厦门市电业局、市政园林局、水务集团等单位领导纷纷赶到厦大,紧急调配人员和设备,组成抢修队伍帮助我校抓紧完成排涝,道路清扫,恢复供电、供水等工作。[①]

① 陈浪,郑莉,赖炜芳,等.众志成城 共担风雨——厦门大学师生防抗台风“莫兰蒂”纪实[N].厦门大学新闻网,2016年9月15日.

9 月 16 日，学院开展抗灾自救，清理映雪楼、曾呈奎楼等学院用房及其周边的环境卫生，启动门窗维修等工作。9 月 17 日，学院组织灾后重建突击队，245 名师生到学校思明校区开展抗灾救灾活动。9 月 18 日，学院全面恢复正常学习工作秩序。10 月 5 日，学院在三家村举办了厦大校园灾后林木"重生"作品展，该展览以"把厦大带回家——校园灾后林木资源再利用"为主题，将校园受台风"莫拉蒂"影响而倒伏的树木，通过专业老师的指导，学生进行自主创意设计，让其获得"重生"。参加此次活动展出的作品近 150 件，部分作品进行了拍卖，用于救灾工作。活动受到学校领导和相关媒体关注。

学院师生支援学校救灾

十二、众志成城，抗击新型冠状病毒感染肺炎疫情

2020 年 1 月 23 日，因武汉全面爆发新型冠状病毒感染肺炎疫情，武汉全市城市公交、地铁、轮渡、长途客运暂停运营，机场、火车站离汉通道暂时关闭，全国疫情防控形势空前严峻。

1 月 23 日，根据学校统一部署，学院迅速成立防控领导小组，发布加强疫情防控通知。随后 2 天，全国各地启动重大突发公共卫生事件一级响应，福建省 1 月25 日启动一级响应，学校和学院根据上级部署，迅速按照一级响应要求开展疫情防控工作。学院每天上报疫情防控情况，经过全面排查，学院师生所幸没有感染。

2月14日，原本的开学日期被迫延期，继续执行一级响应措施，师生通过网络开展教学活动，党政后勤也尽量通过网络办公处理事务。随着全国疫情防控形势好转，2月26日24时起，福建省疫情中风险区由执行突发公共卫生事件一级响应调整为执行疫情防控省级二级响应，低风险区由执行突发公共卫生事件一级响应调整为执行疫情防控省级三级响应，厦门市生产生活逐步恢复。

为了确保师生安全，学校决定继续停课，学生未经批准仍然不得返校，继续实行网络教学。在这场疫情防控战役中，学院师生严格执行政府和学校政策措施，部分党员报名参与到社区疫情防控志愿服务工作，师生克服各种困难开课听课，在疫情防控的艰难时刻维持着教学活动的良好运转。3月，国内疫情基本得到控制，累计病例达到8万多人，死亡3000余人，大部分已治愈出院，新增本土病例实现零增长，后来部分省市曾出现少量病例新增，很快都得到控制。4月4日清明节，全国下半旗志哀，部分驻华使馆也下半旗志哀，悼念在疫情中逝去的人员。5月，学校允许毕业班学生经批准返校，学院精心组织，在机场、各宿舍楼前设立接待点，为返校的学生提供服务，对于需要隔离的14位学生，学院安排专人持续14天购买和送餐到宿舍门口。6月，北京出现疫情反弹，连续多日出现新增病例，但由于应对及时，措施有效，很快得到控制。11月，喀什、天津、上海、安徽、山东等地均出现疫情反弹，均得到及时有效控制。

迎接返校毕业生

由于疫情防控需要，厦门大学2020届毕业典礼主会场控制人数，在各学院设立分会场供毕业生观看毕业典礼，给毕业生学位帽拨穗的仪式安排在建南大会堂外面走道举行。

给毕业生学位帽拨穗的仪式在室外举行

资料来源：侯琳

十三、校友和社会各界捐资兴学，助力学院事业发展

学院的发展离不开校友和社会各界的关心、支持和帮助。1993年4月，杜树生、胡琼福、洪迪光、寥汉民等捐赠5万元设立T.J.教育基金。1996年，钟金星先生捐赠5万元，设立“钟瑞杰建筑艺术奖学金”，面向建筑系本科生，奖励名额为6名，设一、二、三等奖，一等奖奖金每人1000元，二等奖奖金每人600元，三等奖奖金每人400元。2006年，爱心人士设立了“开拓奖学金”，面向土木工程系本科生，奖励名额为3～5名，奖金为每人800～1000元同年还设立了“中联建设奖学金”，面向全院本科生，奖励名额为10名，奖金为每人1000元；设立了“中联建设助学金”，助学名额为10名，助学奖金为每人1000元。

1997 年“钟瑞杰建筑艺术奖学金”获得者合影

1941 级校友、美国工程院院士林幼堃于 2006 年捐资设立“Y.K. Lin”院士奖学金，奖励名额为 4 名，面向土木工程系本科生、研究生，每人奖励 800 元，该项奖学金直到现在还在发放。

土木工程系工民建专业 1993 级校友马亚军为了支持母校事业发展，决定捐资设立“厦门大学-中建环球科创基金”。2016 年 3 月 25 日，学校在嘉庚主楼 220 举行“厦门大学-中建环球科创基金”捐赠仪式，副校长詹心丽、校长助理张建霖等出席仪式。

中建海峡建设发展有限公司于 2016 年 10 月 10 日，向学院捐赠 3 万元人民币，设立厦门大学“中建海峡助学金”。

世茂集团于 2017 年 10 月 20 日，向我院捐赠设立厦门大学-世茂“匠心中国”教育基金，每年度资助人民币 20 万元整，为期 3 年，共计人民币 60 万元整，资金主要用途分为 3 部分：一部分用于设立奖学金，奖励学院在学术竞赛、社会工作、志愿服务、社会实践、文体活动等方面综合表现突出的优秀学生；一部分用于设立奖教金，以奖励在指导竞赛、对外交流等方面成绩突出的教师；一部分作为活动赞助费，用于支持学院相关重要活动。

1938 级校友林言的儿子林遵瀛先生于 2017 年 6 月 20 日与学院签订捐赠协议书，向学院捐赠 20 万美元（折合人民币 131.769 万元）设立“林言校友励学金”，每年资助学院学生 15～20 名，其中资助 10～15 名家庭经济困难学生，奖励

5～10 名学业优秀的学生，每人每年 2000 元，还设立临时困难专项资助金，用于资助家庭经济突发困难学生。

5 位校友代表班级向“厦门大学建筑与土木工程学院教育发展基金”捐赠，党委副书记王瑛慧（右四）向校友颁发捐赠证书

图片来源：罗文锋

2020 年 10 月 24 日，建筑系 1995 级校友毕业二十周年返校聚会暨“厦门大学建筑与土木工程学院教育发展基金”捐赠仪式在曾呈奎楼举行。建筑与土木工程学院党委副书记王瑛慧，继续教育学院党委书记、建筑系原辅导员邱旺土，城市规划系副主任（主持工作）杨哲副教授，建筑系副主任石峰副教授，建筑系罗林教授、王明非副教授、林育欣助理教授、高级工程师饶金通等与建筑系 26 名校友及家属相聚一堂。

校友们非常关心学校和学院的事业发展，学院和学校也牵挂着海内外的校友们。在学校校友会指导下，学院于 2014 年 6 月成立了建筑与土木工程学院工程硕士校友会，2015 年 1 月成立了建筑与土木工程学院厦门校友会，2015 年 4 月，成立了建筑与土木工程学院福州校友会，为校友们搭建互相联络交流的平台。校友们也常常组织回母校聚会活动，有的向学院赠书，有的到学院开展讲座，以各种形式支持母校事业发展。

土木工程系 1943 级校友罗嘉运于 2002 年捐赠给学院图书资料室 71 册图书。1945 级校友黄仰贤于 2015 年 3 月向母院捐赠了其著作 *LEAME Software and User's Manual—Analyzing Slope Stability by the Limit Equilibrium Method*。

土木工程系1953级校友1998年返校合影

2016年4月5—8日，学校举行95周年校庆活动，校友陶树刚(86岁，土木工程系，1948年进校)、檀华芬(85岁，土木工程系，1949年进校)、纪华盛(92岁，土木工程系，1944年进校)、邱建平(89岁，土木工程系，1945年进校)、吴森(土木工程系，1951年进校)、陈振苍(土木工程系，1943年进校)等来校参加95周年校庆活动并到学院参观。

2016年4月，陶树刚等校友与学院领导合影

2016 年 10 月 17 日，2012 届校友、东京大学建筑计画 2015 级博士生李斯奇来校主讲“不设计建筑的建筑设计”。

2017 年 6 月 19 日，土木工程系校友、北京航空航天大学教授董雷霆作为校友代表在 2017 届毕业生典礼上讲话。董雷霆是学院 2005 级土木工程系校友，后来在美国加州大学尔湾分校获得硕士、博士学位，2015 年 10 月起任北京航空航天大学飞机系教授、博士生导师，2017 年 7 月 20 日入选 2017 福布斯中国 30 位 30 岁以下精英榜名单。

十四、举办院庆　凝聚力量　卓然前行

（一）20 周年院庆

2007 年 12 月 29 日上午，厦门大学克立楼宾客云集，来自五湖四海的社会各界嘉宾和校友济济一堂，共谋发展。厦门大学建筑与土木工程学院（原建筑系）、建筑设计研究院在这里隆重举行 20 周年庆祝活动。

出席庆祝活动的有厦门大学校长朱崇实教授、副校长赖虹凯、校长助理王巧萍，原厦门大学副校长、工学院院长辜联崑教授，厦门市规划局局长赵燕菁，副局长赵晓波、王伟，厦门市人大城建环资委主任边经卫，厦门市建设局副局长林树枝、吴振志，东南大学派遣厦门大学建筑系创办人，第一任建筑系领导卢志昌教授，华侨大学建筑学院党委书记彭晋媛，华侨大学土木工程学院院长张云波，福州大学建筑学院党总支书记聂德贤，副院长张鹰、申绍杰，福建省建筑设计研究院院长陈轸，厦门建筑设计院副院长黄琰，厦门中联建设工程公司董事长、总经理林瑞龙，副总经理、总工程师郑肃宁，盛华元机电有限公司总经理李晖，原厦大工会老领导、建筑系及设计院筹备组召集人金坚，原厦大建筑设计研究院院长、建筑系及设计院筹备组召集人洪敦枢教授，原厦大建筑系主任黄仁教授，原建筑系副主任、设计院副院长沙镇平教授，建筑系 93 届校友、上海现代建筑设计集团（原上海市设计院）创作部主任、主任建筑师刘晓平博士，建筑系 93 届校友、莆田市新力实业公司总经理林金国，建筑系 94 届校友、福建安泰三华房地产开发公司总经理吴森华，厦门大学各机关部处领导及各学院党政领导、校友代表及曾经在建筑与土木工程学院、设计院工作过的教师及职工代表。

早上 8:30，庆典在庄严的国歌声中拉开了帷幕，院长凌世德教授首先致辞，

他代表厦门大学建筑与土木工程学院、建筑设计研究院对莅临的历届系友和所有关心支持学院发展建设的社会各界人士的到来表示欢迎和感谢，并简要汇报了学院和设计院20年来的发展历程和取得的成就。

随后，厦门大学校长朱崇实发表讲话。朱校长首先代表校党委、校行政向前来参加庆典的各位领导、来宾表示热烈欢迎和衷心感谢，向建筑与土木工程学院、建筑设计研究院全体师生员工和海内外的校友表示热烈祝贺和亲切问候。他还积极肯定了建筑与土木工程学院20年来在师资队伍、学科建设、人才培养、国际学术交流等方面取得的进步和建筑设计研究院20年来为学校的建设事业做出的贡献。他说，一大批毕业生作为建筑师、工程师成为国家和地方建设事业的中坚力量，一幢幢嘉庚风格的建筑在校园里拔地而起……这些都体现了建筑与土木工程学院和厦大建筑设计院20年来为学校发展事业做出的积极贡献，他为建筑与土木工程学院的教师和设计院的员工而感到骄傲和自豪！最后，朱校长提出：学校将一如既往地重视和支持建筑与土木工程学院的发展，力争在学科建设、师资队伍和办学条件等方面加大投入和扶持力度；厦门大学建筑与土木工程学院、建筑设计研究院也要抓住全面建设小康社会和建设海峡西岸经济区的历史机遇，立足海西，面向全国，放眼世界，努力把学院越办越好，越办越强，为我校建设高水平研究型大学做出更大贡献，为全面建设小康社会和服务海西做出应有的贡献！

校长朱崇实教授在庆典上致辞

接下来，厦门市规划局局长赵燕菁，厦门市建设局副局长林树枝，厦门大学建筑系第一任领导——东南大学卢志昌教授，校友代表——上海现代建筑设计集团创作部主任、主任建筑师刘晓平博士相继做了发言，他们分别代表着20年来在厦大建筑与土木工程学院、建筑设计研究院发展过程中做出过不同贡献的各界人士，讲述了自己和厦大建筑与土木工程学院、建筑设计研究院之间的故事，并表达了希望厦门大学建筑与土木工程学院、建筑设计研究院的明天更加灿烂辉煌的良好祝愿。庆典由厦门大学建筑与土木工程学院党委书记陈和祥主持。

卢志昌教授在庆典上讲话

院长凌世德教授在庆典上致辞

庆典结束后，与会人员来到嘉庚广场合影留念。

除了庆典活动，此次厦门大学建筑与土木工程学院（原建筑系）、建筑设计研究院成立二十周年庆祝活动还包括系列学术讲座、校友座谈会等，从 12 月 10 日起至 12 月 31 日，来自国内外著名专家、学者将陆续为广大师生做多场高水平的学术讲座。

学院党委书记陈和祥主持庆祝大会

（二）30 周年院庆

2017 年 12 月 16 日，建筑与土木工程学院 30 周年院庆大会在科学艺术中心报告厅举行。中国工程院崔愷院士，中国工程院杨永斌院士，为厦大建筑系创办提供大力支持的原东南大学建筑系主任鲍家声教授，厦大建筑系首任系领导、原东南大学建筑系卢志昌教授，东南大学建筑学院院长韩冬青教授，厦大副校长邬大光，校友总会理事会理事长朱崇实，关工委主任陈力义，以及来自同济大学、华南理工大学、合肥工业大学、省内各高校建筑学院领导，土木建筑学会、厦门市各大设计院所负责人，建筑与土木工程学院师生、校友等近 800 人出席大会。各界学子也通过网络纷纷送来祝福，其中微信平台的祝福超过 1 万人。大会由学院党委书记刘梅主持。

学院校园歌曲小组倾情演唱

建筑与土木工程学院校园歌曲小组倾情演唱的歌曲《那些花儿》《同桌的你》《光阴的故事(厦大建院版)》拉开了此次院庆大会的序幕。

首先,学院党委副书记黄宇霞介绍了与会的嘉宾,并向社会各界对此次院庆的关心和支持表示了感谢。随后,建筑与土木工程学院院长王绍森教授致辞,他回顾了学院创办之初的情形。30 年来,建筑与土木工程学院涌现出一批优秀的学者、建筑师、结构工程师、规划师,他们在建筑及相关领域做出了许多开创性的工作。如今的厦门大学建筑与土木工程学院,已经成为我国建筑领域人才培养的重要基地。未来厦大建院将传承厦大 90 多年的文化积淀和 30 年的办学经验,为推动中国建筑行业的发展继续贡献自己的力量。

副校长邬大光教授,中国工程院崔愷院士、杨永斌院士,南京大学鲍家声教授,东南大学建筑学院卢志昌教授、东南大学建筑学院韩冬青院长,校友代表林秋达、董雷霆,教师代表张建霖,学生代表王长庆、方佳清先后致辞、发言,表达了自己对建筑与土木工程学院 30 岁的生日祝福。

祝贺厦门大学建筑与土木工程学院三十周年院庆：

八十载风雨如磐，初心不忘；
三十年团结奋斗，续写辉煌；
新时代宏图大展，争创一流。

朱崇实
2017年11月11日

厦门大学原校长朱崇实教授题词

贺厦门大学建筑专业30周年庆。

三十华诞喜结硕果
不忘初心再铸辉煌！

何镜堂
2017.11.23.

何镜堂院士题词

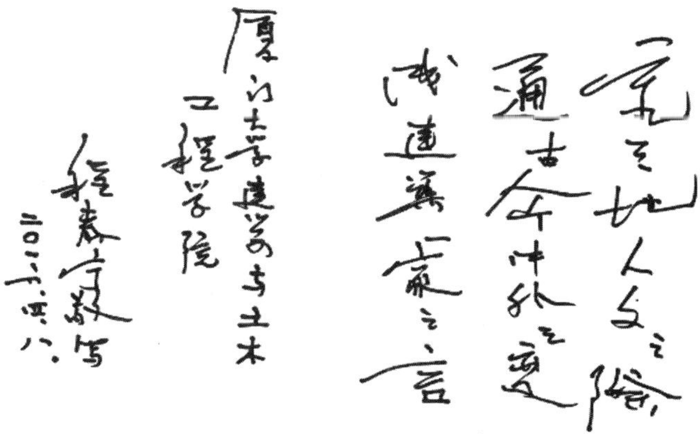

程泰宁院士题词

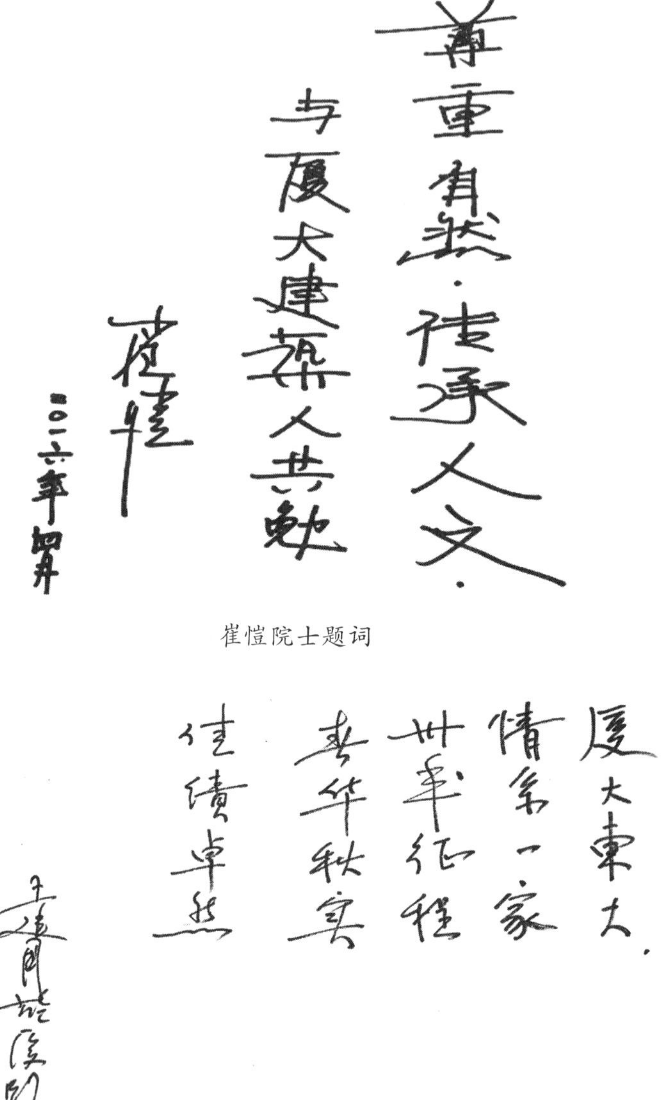

崔愷院士题词

王建国院士题词

随后，大会举行了“厦门市交通基础设施智能管养工程技术研究中心”揭牌仪式。同时，本次院庆活动的各个环节贯穿了“感恩奉献、尊师敬老”的主题，校友们通过各种形式向那些曾经为学院无私奉献的老师们献上最诚挚的祝福，表达对学院的感恩之情。

向退休教师献花

学院在 30 周年院庆期间还举行了“30 周年院庆”纪念石揭幕仪式、“当代建筑创作与教育”学术论坛、“大师面对面”系列讲座、师生优秀作品展等。同时还进行了学生设计作品的“义卖”活动和“院庆集万赞送祝福”活动，学子们纷纷以不同的形式为此次院庆献礼。

2017 年 12 月，厦门大学建筑与土木工程学院 30 周年院庆与会嘉宾合影

此次院庆邀请了多位知名专家、学者，组织了各种类型的学术活动，特别是高水平的大师讲座、学术论坛，给全校师生带来了一场建筑、土木、规划学科相关

的学术盛宴。这些学术活动的开展大大推进和增强了建筑与土木工程学院的学科建设和学术影响力，吸引了校内外众多师生学者，突显了浓厚的学术氛围。

2017 年 12 月，厦门大学建筑与土木工程学院 30 周年院庆全体教职工合影

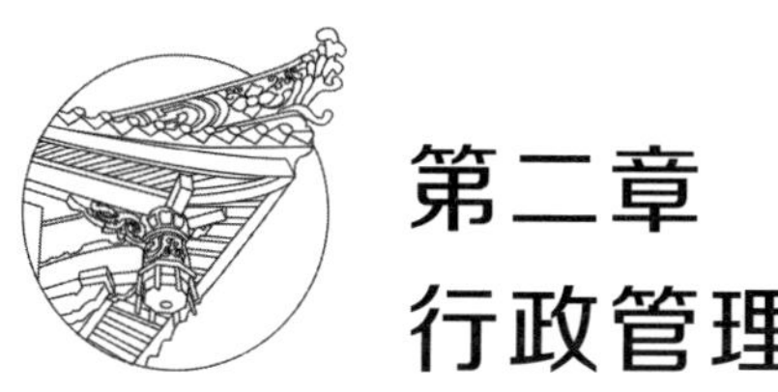

第二章 行政管理

第一节　党的建设

一、早期土木工程学子的革命活动

早期的土木工程系没有独立的党组织，土木工程系师生通过各种方式积极从事革命活动。抗日战争时期，陈振苍、王梓材等土木工程学子参加学校的合唱团，传唱抗战歌曲，宣传和支援抗战。解放战争时期，不少土木工程系学子在党组织中担任领导职务，如1949年2月，中共厦门大学支部换届，土木工程系学生廖开治当选为组织委员。同年4月，厦大党组织有了很大发展，党员有70多人，中共厦大支部改建为中共厦大总支部，廖开治当选为总支部组织委员兼任理工党支部书记，后来出任中共闽西南厦门临时市委宣传委员，纪华盛则出任中共闽西南厦门临时市委组织委员。

（一）呼吁和平，反对美军暴行

1946年12月底，北京师范大学女生沈崇被美国海军陆战队士兵强奸的消息传来时，厦大学生立即奋起抗议，新生院庄炳章等6位同学率先到鼓浪屿龙头街一带张贴抗议美军暴行的标语，陈启修、丁连征、力伯昌、廖开治（土木工程系学生）等7位同学，将各地报纸揭露美军暴行的消息报道，剪贴在集美楼通道的墙上。1947年1月7日，厦大学生举行声势浩大的反对美军暴行的示威游行，沿途张贴标语，高呼“中国同胞不容侮辱”“清算美军历次罪行”等口号，并散发《为抗议美军暴行告全市同胞书》。抗议美军暴行是复员后厦大首次开展的全校性运动，厦大师生得到锻炼，觉悟提升，许多人相继走上了革命道路，此次活动中的骨干廖开治后来成长为厦门市地下党领导成员，为解放厦门作出了突出贡献。①

---

①　洪永宏.厦门大学校史：第1卷[M].厦门：厦门大学出版社，1990：269-270.

（二）反饥饿、反内战①

1947 年 5 月 16 日，厦大学生响应京沪“反饥饿、反内战”运动，决定罢课 3 天，致电教育部，要求提高学校经常费，提高教职员及工友待遇，提高同学副食费。5 月 17 日，厦大全体同学发布了《为请求教育部增加经费调整公费生副食费罢课宣言》。国民党当局把学生的爱国正义行动污蔑为“嚣张成性，学潮迭起，动辄罢课游行，请愿要挟，阻碍交通，妨害公务，态度恶劣，无理可喻”，要求各校“查明滋事分子，分别主从，从严惩处，为首者一律开除学籍”。6 月 1 日，厦门市当局派出大批军警，突然包围厦门大学，提出一份“鼓动风潮嫌疑”的 13 人名单，要进学生宿舍搜捕。在汪德耀校长的极力维护下，在厦门市市长黄天爵以校友身份保证他们“绝对安全”的情况下，同意由军警将陈景汉、陈伯琴和已在双十中学被扣捕的厦大土木工程系学生林坦带到市政府询问。6 月 1 日晚上，汪德耀校长亲自到要塞司令部及市政府恳商保释学生，至夜间 11 时才将 3 位同学保回。6 月 4 日，同学们开始恢复上课。1948 年，林坦参加了地下党。

（三）浮世画社的峥嵘岁月②

1947 年，全国掀起反美军暴行、“反饥饿、反内战、反迫害”斗争等，学生运动风起云涌，厦大亦然。学校黄榛（现名赵凌）、孙瀚（现名林汉）、刘正坤、傅锡寿、李传业、林粪亮、汪如泽共 7 位对绘画有兴趣的同学于 1948 年春组织成立了“浮世画社”（以下简称画社），同年秋季王绿枫加入。汪如泽是土木工程系 1945 级学子，和孙潮一起为画社负责人。画社以红橙黄绿青蓝紫等颜色为每个人的代号，汪如泽的代号是黛色。画社名义上探讨绘画理论和技法，借同安楼二楼一个教室为活动场所，室内画些水墨画和水彩画为掩护，暗中秘密传阅由香港寄来的革命进步书刊，如列宁的《列宁文选》、斯大林的《辩证唯物主义》、艾思奇的《大众哲学》、奥斯特洛夫斯基的《钢铁是怎样炼成的》等，画社集会地点不断变换，时而在海边，时而在南普陀寺。社友们不断提高政治觉悟，坚定地走上了革命道路。

---

① 洪永宏.厦门大学校史：第 1 卷[M].厦门：厦门大学出版社，1990：272-277.

② 王豪杰.南强记忆：老厦大的故事[M].厦门：厦门大学出版社，2009：308-310.

1948 年 5 月，画社社友积极参加“反对美国扶植日本军国主义”的斗争，在中山路、思明南路和轮渡码头等交通要道的路面上，用柏油刷写“反对美国扶植日本!”“打倒日本帝国主义!”等巨幅标语和漫画。

1948 年 11 月，“浮世画社”与“厦大诗社”合并为“厦大诗与画社”(以下简称诗画社)，在春节联欢上，汪如泽写了“大团圆” 3 个空心大字，社友们一起合影留念。诗画社经常出版《诗与画》壁刊，用漫画配诗歌，或用诗歌配漫画，揭露国民党的黑暗统治，争取自由和民主。汪如泽应学生自治会的邀请，举办“美术字”讲座 10 余讲。诗画社针对当时物价飞涨的情况，开展义卖、垦荒、自助、救饥活动。

1949 年 4 月，部分社友离厦到根据地参加武装斗争和群众工作，汪如泽驮着李传业的被子离校，掩护其登上驶向漳州的轮船。5 月，《诗与画》壁刊出版第 5 期，汪如泽画了一幅汪德耀校长驾驶着一片孤舟，全校师生员工与狂风恶浪搏斗为内容的刊头。9 月，厦门警备司令部司令毛森大肆搜捕进步学生，汪如泽因参加进步社团组织，并有“诗与画社”“大团圆”的合影照片而被当局怀疑。为躲避抓捕，汪如泽在鼓浪屿东躲西藏，蛰居在洪敦枢老师家里，后来在鼓浪屿三丘田找到一幢主人已到香港的破烂楼房，白天不敢露面，夜间不敢亮灯，直到厦门解放。此后，汪如泽留在土木工程系任助教，1949 年 11 月 1 日正式上课。汪如泽还参加了厦门市文联、美协，担任厦大片区的负责人，曾创作油画两幅和浮雕(斯大林、毛泽东主席)两件参加美协的美术展览。汪如泽还设计了高崎轮船码头，带领土木工程系二年级学生参加厦门机场的测量和高(崎)集(美)海峡的海底探测等支前工作，为迎接人民空军和修建鹰厦铁路高集海堤创造有利条件。

(四)土木工程学子参加安溪革命斗争

1949 年 1 月，人民解放军已解放了东北、华北、西北、华东、华中的大片国土，全国处于革命胜利的前夜。厦大地下党响应上级党委关于开展农村武装斗争，向农村输送干部的决定。1 月至 3 月，学校输送了数批地下党员及进步学生，分别进入安溪、南安、永春游击区，闽粤赣边区和浙南游击区。1949 年 2 月，地下党员、土木工程系 1945 级学生林坦(化名林崇理)被选派到安溪游击区参加革命斗争。他说:“我是学土木工程的，土木工程讲究材料，党认为我这块材料适合做什么，就安排我做什么吧!”他和厦门大学同学李玉洁等奉命调到蓝溪中学，与已在这里工作的地下党员、校长谢高明及萧汉光、黄选卿等同志并肩作战，成立中共蓝溪支部，林坦首任党支部书记，后来担任县工委委员、中心县委组织部干部科科长等职。他创办革命联络站，开辟游击区，为中华人民共和国的诞生做出了自己的贡献。解放初期，他任安溪龙城区委书记兼区长，负责征粮支前，反霸剿匪，开展农村生产建设，各项任务十分繁重，夜以继日地紧张工作，终积劳成疾，于1951年9月不幸病逝，把一腔热血洒在安溪的大地上。

（五）土木工程学子在解放厦门的战斗中做出突出贡献

在解放战争时期，党组织注重确立正确的指导思想，坚持贯彻白区工作积极隐蔽的方针，工作上积极进攻，组织上深入群众，注意带动中间和落后的群众前进，斗争中注意有理有利有节，始终坚持以爱国、民主为斗争目标，以爱国、民主的思想教育引导广大青年一步一步走向革命。在发展党员方面注重3个结合，一是把发展组织同群众斗争相结合，二是把从思想上建党同组织上建党相结合，三是把考察思想认识同政治表现相结合。党组织还注重加强学习，提高战斗力，增强党性，坚定意志。党组织注重开展学生运动，先后掀起“抗暴”运动，“反饥饿、反内战、反迫害”运动等，与国民党反动派进行针锋相对的斗争。学校的一批进步学者如王亚南、郭大力等通过讲课、演讲，对学生进行马列主义、毛泽东思想和革命形势教育，创办“嘉庚阅览室”，通过公开阅览与秘密借阅相结合的办法，为广大青年提供精神食粮。由于党组织卓有成效的工作，1949年年初，“党领导的革命进步力量在学生中占了绝对的优势，厦大成了厦门的‘解放区’”。①

厦大地下党为了密切配合南下大军解放厦门，积极调查研究敌情，派遣党员打入国民党驻厦门的部队、敌伪机关和企业单位，搜集各类情报，开展策反工作。土木工程系的茹民德、林通富等打入厦门市防御工程处，利用监工和验收机会，搜集情报，制作出“厦门市敌军防御工程——碉堡总体分布图”，交给土木工程系党员、厦门市委领导廖开治和纪华盛，辗转送到第10兵团31军91师。师首长

---

① 中共厦门大学委员会党史编委会.中国共产党厦门大学组织史简编[M].厦门：厦门大学出版社，1996:79.

称赞说:“厦门地下党同志为解放厦门立了大功,这样可以减少多少战士的伤亡。”[①]

“当时两架敌机在空中盘旋,子弹一个接一个打在我们身边。我很紧张,注意着周围的动向,心中就想:一定要让自己活着见到厦门解放!”地下党员、时任中共厦门临时市委(闽西南)组织委员、土木工程系1944级学子纪华盛回忆1949年10月17日下午3点多在嵩屿附近遭到国民党飞机空袭扫射的场景时说道。

厦门解放后第4天,即1949年10月21日,军代表吴强主持召开留校坚持的、随军的、疏散返校的地下党员大会,宣布成立中共厦门大学支部。22日,学校举行“欢迎接管大会”,军代表在大会上介绍了共产党的新民主主义教育方针,鼓励全校师生员工为建设新厦大而努力。1949年冬,成立中共厦门大学党组。1950年6月10日,中共厦大支部召开群众大会,宣布地下党公开,党员20多人。党员发挥带头作用,“全校人员经历支前、参加军干校和备战,抗美援朝、土地改革、镇压反革命‘三大革命运动’和‘三反’‘五反’以及思想改造、忠诚老实运动等,思想政治觉悟有了提高”。[②] 1952年7月5日,成立厦大临时党委会,同年冬天分别成立文法科、财经科、理科、工科、工农速中(速成中学)5个党支部,土木工程系的党员在工科党支部。1953年7月,土木工程系并入浙江大学、南京工学院、华东水利学院等,办学中断。

二、改革开放后的党建工作

党的十一届三中全会以后,学校的工作重点转移到教学、科研上来,“努力把学校办成既是教育中心,又是科研中心,即既出建设人才,又出科研成果”。[③]

1987年学校正式成立建筑系后,同年10月成立了厦门大学建筑系临时党

---

① 中共厦门大学委员会党史编委会.中国共产党厦门大学组织史简编[M].厦门:厦门大学出版社,1996:80.

② 中共厦门大学委员会党史编委会.中国共产党厦门大学组织史简编[M].厦门:厦门大学出版社,1996:100.

③ 厦门大学档案馆,厦门大学校史研究室.厦门大学校史:第2卷[M].厦门:厦门大学出版社,2006:215.

支部，由东南大学派往厦大支持创办建筑系的卢志昌担任支部书记。这一时期学校“实行党委领导下的校长负责制，在系一级则实行主任负责制，使行政组织系统有职、有责、有权。同时积极推进民主办学，既调动各方面的积极性，亦接受群众监督”。[①]

党支部结合当时实际，在师生中开展四项基本原则教育，提高师生政治觉悟，强调“如果离开四项基本原则，就不是什么解放思想，而是一种胡思乱想”。[②]支部还积极对师生开展社会主义法制教育，增强师生法律意识和法制观念。注意加强对青年学生进行爱国主义、集体主义、社会主义和共产主义教育，开展国防教育、国情和形势教育、人生观和理想教育、守纪律与讲文明教育，团结、关心和培养青年学生成长成才，吸收积极分子入党，发展壮大党的队伍。

1990年7月，成立中共厦门大学建筑系直属党支部，陈和祥任书记。支部组织学习《邓小平论党的建设》、《邓小平文选》、关于社会主义理论问题和江泽民关于党建的重要讲话等，成立党章学习小组，加强对青年学生的共产主义信念教育，组织学习马列和毛泽东著作，学习党的基本知识。在团员中开展颁发团证教育，强化团员政治意识，加强团员队伍建设，增强团组织活力。1996年，党的十四届六中全会做出决定，对县处级以上领导干部进行“讲学习、讲政治、讲正气”为主要内容的党性党风教育，为期3年，支部根据上级部署，开展“三讲”教育。

1998年2月，成立中共厦门大学建筑系总支部，陈和祥任书记。2000年，江泽民在广东考察时提出“三个代表”重要思想，即中国共产党要始终代表中国先进生产力的发展要求，中国共产党要始终代表中国先进文化的前进方向，中国共产党要始终代表中国最广大人民的根本利益。支部根据上级部署，认真组织师生学习“三个代表”重要思想。

2004年6月，成立中共厦门大学建筑与土木工程学院委员会，陈和祥任书记。2004年11月，中共中央决定从2005年1月开始，用一年半左右的时间，在全党开展以实践“三个代表”重要思想为主要内容的保持共产党员先进性教育活动。支部根据上级部署和学院实际，扎实开展保持共产党员先进性教育活动。

---

① 厦门大学档案馆，厦门大学校史研究室.厦门大学校史：第2卷[M].厦门：厦门大学出版社，2006：330.

② 厦门大学档案馆，厦门大学校史研究室.厦门大学校史：第2卷[M].厦门：厦门大学出版社，2006：246.

2008年3月，孙理任党委书记。根据中国共产党的十七大部署，中共中央决定，从2008年9月开始，用一年半左右时间，在全党分批开展深入学习实践科学发展观活动。学院党委按照上级部署，结合学院实际，按照提高思想认识、解决突出问题、创新体制机制、促进科学发展的目标要求，成立厦门大学建筑与土木工程学院深入学习实践科学发展观活动领导小组，党委书记孙理、院长凌世德任组长，制定和发布《厦门大学建筑与土木工程学院深入学习实践科学发展观活动实施方案》，按照学习调研、分析检查、整改落实3个阶段，开展深入学习实践科学发展观活动。继深入学习实践科学发展观活动之后，2010年4月，中共中央进一步做出了创建先进基层党组织、争当优秀共产党员为主要内容的创先争优活动部署，历时两年半。

三、新时代党的建设

进入新时代以来，学院党委认真学习贯彻习近平新时代中国特色社会主义思想，坚决做到“两个维护”，“坚持教育为人民服务、为中国共产党治国理政服务、为巩固和发展中国特色社会主义制度服务、为改革开放和社会主义现代化建设服务，扎根中国大地办教育，同生产劳动和社会实践相结合”。[①] 努力解决好培养什么人、怎样培养人和为谁培养人的根本问题。

学院党委切实履行基层党建工作责任，建设坚强领导班子。重视加强班子理论学习，落实理论中心组集体学习。认真执行学院《党政联席会议事规则》《“三重一大”决策制度实施细则》等文件规定，民主决策，科学决策，加强学院制度建设，贯彻民主集中制。认真落实教师党支部“双带头人”要求，配齐选好支部领导班子。

学院党委落实党建工作主体责任和“一岗双责”。强化主业意识，抓严抓实党建工作开展，做到有目标有计划，有布置有落实。党政一把手认真履行党风廉政建设“第一责任人”职责，班子其他成员履行“一岗双责”。

学院党委抓好意识形态工作，成立了意识形态工作领导小组，修订了《厦门大学建筑与土木工程学院突发事件预防及应急处理预案》，制定意识形态领域突

---

① 习近平主持召开学校思想政治理论课教师座谈会[EB/OL].(2019-03-18)[2020-05-20].https://baijiahao.com/s?id=1628347132723154943&wfr=spider&for=pc.

发事件处理预案。抓好学术活动的审批，把好意识形态关口。加强阵地建设，重视发挥新媒体在党建宣传工作中的作用，厦大石语工作室被评为厦门大学首批示范性网络文化工作室，学院荣获厦门大学社会主义核心价值观宣传教育优秀组织奖。

学院党委重视党员教育，优化基层党支部设置，逐一落实基层党建重点任务。抓好支部立项，树典型，讲好课，倡导“敢为人先”的党员意识，亮出党员身份，在学院中心工作中增长才干。开展“我是党员、我是旗帜、我是团员、我是先锋”等主题教育活动。重视发挥二级党校学习教育平台，定期举办党校培训，举行形势与政策报告，开展“书记心语”“院长心声”等党课。

学院党委重视加强师生思想政治教育，成立师德师风工作小组，加强“课程思政”示范课程建设，推出“身边好老师”专栏，推动学习强国、党员 e 家、党建 e 家、微信公众号平台发挥多渠道学习教育功能。注重抓好新生入学教育，以爱国爱校爱专业为中心，将党团活动与专业的认知实习、色彩实习、工地实习紧密结合。

2013 年 1 月，刘梅任党委书记。2013 年 6 月，党中央启动党的群众路线教育实践活动。根据上级部署，学院于 2013 年 7 月成立党的群众路线教育实践活动领导小组及其办公室，制定《建筑与土木工程学院深入开展党的群众路线教育实践活动实施方案》，深入开展党的群众路线教育实践活动，全面落实为民务实清廉要求，坚决反对形式主义、官僚主义、享乐主义、奢靡之风，抓好“学习教育、听取意见”(7—9 月)、“查摆问题、开展批评”(10 月)、“整改落实、建章立制”(11 月)各个环节的工作，着力解决突出问题，推动学院科学发展。学院党委严格落实中央八项规定，加强党风廉政建设，严格控制“公务出国费用”“公务用车购置及运行费”“公务接待费用”“三公”经费支出。

2014 年 3 月 9 日，习近平总书记提出“既严以修身、严以用权、严以律己；又谋事要实、创业要实、做人要实”的重要论述，称为“三严三实”讲话。2015 年 4 月，中共中央办公厅印发《关于在县处级以上领导干部中开展“三严三实”专题教育方案》，对 2015 年在县处级以上领导干部中开展“三严三实”专题教育做出安排。学院党委组织“三严三实”专题学习会、贯彻宣传十八大五中全会精神、组织廉洁文化教育学习、整改落实教育部十五项专项检查等重要工作，结合“三严三实”整改方案，修订《党政联席会议事规则》，制定《“三重一大”决策制度实施细则》等文件。

2016 年 2 月，中共中央办公厅印发了《关于在全体党员中开展“学党章党规、学系列讲话，做合格党员”学习教育方案》，学院认真制订学习方案，做好支书支委培训工作，学前重指导，学中重跟踪，学后重总结，建立学习素材库，定期制作专题学习简报，重点抓支部学习计划落实，先后举行了“两学一做”学习教育专题辅导报告、动员部署会，庆祝中国共产党成立 95 周年暨“两学一做”学习教育推进大会，邀请理论报告员苏劲教授、石红梅副教授做“七一”“十八届六中全会精神”专题辅导报告。学院 20 个支部全部完成 4 个专题学习，制作新闻工作简报，院党委班子成员下支部讲党课、做专题发言 15 次。2017 年，学院深入推进“两学一做”学习教育常态化制度化，着力解决党建工作力度层层递减问题，结合规范“三会一课”，坚持做好学习教育“三抓手”工作，落实“三级书记讲党课”制度，建立“三级学习教育体系”。

2019 年 5 月 13 日，中共中央政治局决定从 2019 年 6 月开始，在全党自上而下分两批开展“不忘初心、牢记使命”主题教育。学院党委扎实推进“不忘初心、牢记使命”主题教育，开展理论学习中心组集体学习 19 次。领导班子成员分别联系党支部 26 次，召开群众调研座谈会 5 场，举办专题党课 8 讲，征求师生员工意见和建议 40 条，形成问题清单 25 个。制定《固定党日实施办法》，开展支部固定党日活动。制定《建筑与土木工程学院党支部委员责任清单》，针对会议记录规范、党建 e 家等功能进行分类培训。学院党委重视师德师风教育，成立师德师风工作小组，加强“课程思政”示范课程建设，抓好意识形态工作。

2020 年 3 月，王绍森任党委书记。学院党委认真贯彻落实党中央和上级精神，领导班子带头通过学习强国 App 加强学习，围绕“深化大学习、提振精气神”开展专项学习，贯彻习近平总书记重要讲话和全国两会精神、庆祝建党 99 周年进行专题学习讨论。学院党委认真落实“一岗双责”，深化落实全面从严治党，组织学院理论学习中心组集体学习《厦门大学 2020 年党风廉政建设工作要点》、中央纪委国家监委通报八起形式主义官僚主义典型问题等内容，不断提高党员领导干部的风险防范意识，重视二级党校建设，发挥线上育人功能。结合“迎党的生日、讲战疫故事、悟初心使命”主题，认真开展党支部专题组织生活会，学院党委委员均参与和指导所联系支部的活动。举办“心 · 分享”青年教师教工沙龙。通过师德师风讲堂、谈心谈话制度等形式关心青年教师成长。落实研究生导师“第一责任人”制度，学生党员发展必须征求导师意见。

第二节 行政机构

1922 年 7 月，学校增设工学、新闻两学部，开始了工科办学历史。1923 年 4 月，各学部改称为科，工学部改为工科。

1924 年 6 月，工科并归到理科，下设工程学系，土木工程教授田渊添担任系主任。

1926 年 1 月，学校将隶属于理科的工程学系“仍改为独立的科”。工科下设土木工程系、电气工程系、机械工程系。

1927 年 6 月，工科停办。

1937 年 7 月 30 日，奉教育部令，厦大增办土木工程系，暂时隶属于理学院。校长萨本栋兼任系主任。

1940 年秋，理学院改为理工学院。

1948 年 7 月，理工学院拆分为理学院和工学院，土木工程系隶属于工学院。

1952 年，学校在土木工程系增设土木专修科（根据校史记载，专业名称为“水利工程建筑专业”，有的地方也写作“水力技术建筑”）。

1953 年 7 月，厦门大学奉命将土木工程系（工业与民用建筑专业）并入浙江大学、南京工学院（现东南大学），土木专修科（水利工程建筑专业）并入华东水利学院（现河海大学）。至此，1937 年创办的土木工程系遂告中断。

1987 年，在南京工学院（现东南大学）帮助下创办建筑系，郭湖生任系主任。建筑系隶属于技术科学学院。

1991 年 4 月，校友们建议复办工学院。

1994 年 5 月 12 日，国家教委与厦门市政府签订了《关于共同建设厦门大学工学院的意见》。5 月 17 日，国家教委与厦门市政府共同建设的厦门大学工学院举行成立大会。国家教委副主任张孝文、专职委员陶遵谦，福建省教委副主任王豫生，厦门市副市长王榕，校党政领导叶品樵、林祖赓、郑冬斯、王豪杰、刘瑞堂、卞守耆出席会议。建筑系隶属于工学院。

1999 年 2 月 16 日，经教育部批准，同意我校筹建土木工程专业。

2004 年 3 月，学校批准成立建筑与土木工程学院，凌世德教授任院长。

2004 年 4 月，学校批准成立土木工程系，石建光教授任系主任。

2007 年 1 月，成立城市规划系，马武定教授任系主任。至此，形成现有院系格局，学院下设 3 个系：建筑系、土木工程系、城市规划系。

第三节　历任党、政领导

(1)学院党委主要负责人变动情况如下：

①1987—2004 年为建筑系，历任系党组织领导如下：

建筑系临时党支部　书记　卢志昌，1987 年 9 月至 1990 年 6 月。

建筑系直属党支部　书记　陈和祥，1990 年 7 月至 1998 年 1 月。

建筑系党总支　书记　陈和祥，1998 年 2 月至 2004 年 5 月；

副书记　唐洪流，1998 年 2 月至 2001 年 11 月；

副书记　林东伟，2001 年 11 月至 2004 年 6 月。

②2004 年 6 月起，学校正式任命学院领导班子，历届学院党委领导如下：

书记　陈和祥，2004 年 6 月至 2008 年 5 月；

孙理，2008 年 3 月至 2012 年 12 月；

刘梅，2013 年 1 月至 2020 年 3 月；

王绍森，2020 年 3 月至今。

副书记　林东伟，2004 年 6 月至 2005 年 4 月；

黄宇霞，2005 年 4 月至 2018 年 1 月；

黄明伟，2008 年 3 月至 2018 年 1 月；

王绍森，2017 年 10 月至 2020 年 3 月；

王瑛慧，2018 年 1 月至今；

黄俊清，2018 年 1 月至今。

(2)主要行政负责人变动情况如下：

①1922 年 7 月，工学部主任疑为李拔峨教授，可查证李拔峨教授 1924 春为工科主任，起任时间不详，1924 年 6 月因学潮离开厦大到上海参与创办大夏大学(今华东师范大学)。

②1924 年 6 月，工程学系主任，田渊添。

③1938—1953 年为土木工程系，历任系行政领导如下：

萨本栋，1937 年秋至 1938 年；

刘晋柽，1938 年至 1940 年；

黄中，1941 年至 1946 年；

李谦若，1946 年短期担任土木工程系主任；

黄中，1946 年 8 月至 1951 年秋；

罗孝登，1951 年秋至 1953 年夏。

土木专修科主任：

曾国熙（1952 年—1953 年 7 月，此后移并到南京的华东水利学院，即现在的河海大学）。

④1987—2004 年为建筑系，历任系行政领导如下：

主任　郭湖生，1987 年 5 月至 1990 年 6 月；

沙镇平，1990 年 6 月至 1992 年 3 月，副主任，主持工作；

黄仁，1992 年 4 月至 1998 年 2 月；

凌世德，1998 年 3 月至 2004 年 5 月。

副主任：卢志昌，1987 年 5 月至 1990 年 6 月；

沙镇平，1990 年 2 月至 1990 年 5 月，1992 年 4 月至 1998 年 2 月；

罗林，1993 年 6 月至 1998 年 2 月；

王绍森，1998 年 3 月至 2004 年 5 月；

张建霖，1998 年 3 月至 2004 年 5 月。

③2004 年 6 月起，学校正式任命学院领导班子，历届学院行政领导如下：

院长　凌世德，2004 年 6 月至 2012 年 12 月；

王绍森，2012 年 12 月至今。

副院长　王绍森，2004 年 6 月至 2012 年 12 月；

张建霖，2004 年 6 月至 2008 年 1 月；

雷　鹰，2008 年 1 月至 2017 年 6 月；

李立新，2012 年 12 月至今；

王东东，2017 年 6 月至今；

文超祥，2017 年 6 月至今。

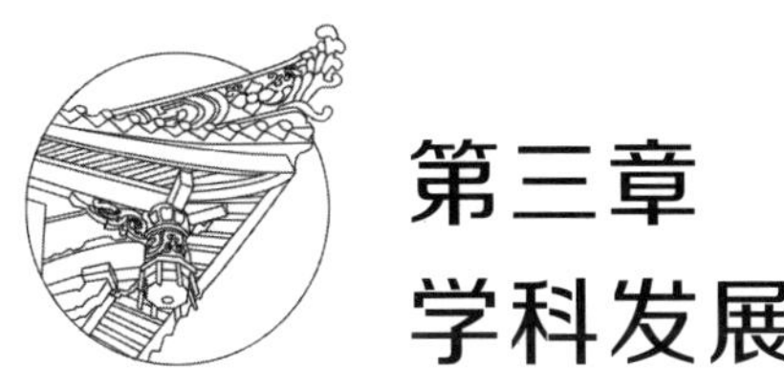

第三章
学科发展

第一节 博士授权点、硕士授权点

一、博士点

(一)文化遗产与城市建设博士点

文化遗产与城市建设博士点是2014年经学校批准在考古学一级学科博士点下自主设置的二级学科博士点,学科具有历史学、考古学、建筑和城乡规划学等多学科交叉的特征。传统的研究在研究对象和研究方法上较为单一,缺乏学科渗透。在城市发展过程中,缺乏深层次历史文化内涵的挖掘,忽视建筑及城市传统格局,导致独具特色的历史文化风貌景观不断遭受破坏。文化遗产与城市建设这一新的学科方向,有助于促进建筑文化遗产的保护、世界文化遗产的申报以及管理、城镇空间形态及其变迁研究、地域建筑与城市文化等方面的研究。厦门大学人文学院、建筑与土木工程学院在经过深入论证的基础上,在考古学与博物馆学一级学科下自主设置文化遗产与城市建设二级学科博士点。

设立的主要研究方向有:(1)历史文化遗产。涵盖了考古、历史、建筑、管理领域,主要研究中外历史文化遗产的发展历程和保护理念,理解历史文化遗产的概念及其价值,掌握历史文化遗产调查、分析、评判的方法,以及保护与修缮利用的基本方法,理解历史文化遗产保护制度和法律体系,理解历史文化景观保护与旅游开发等的相互关系,考察中国特别是福建省历史城市和文化遗产的特点与价值、历史文化名城制度的形成背景与发展、历史文化名城保护的责任与现存的各类问题及其成因等基本内容,使学生掌握文化遗产保护的理论与方法,具备运用这些理论与方法处理和应对实际问题的能力。(2)建筑文化遗产保护与创新。以建筑文化遗产保护理论研究及创新实践团队的大量成果和经验为基础,依托建筑设计研究院和建筑实验中心,围绕建筑文化遗产保护与创新的学科理论建设,创建当代建筑设计与人文学科相融合的实践体系,形成特色鲜明的"新闽南建筑"研究与创作群落。(3)城市文化与城市发展。主要包括:城市历史文化遗产保护研究、城市历史文化街区保护研究、城市地域文化发展研究、地域民族文化的空间发展研究、城市文化的社会学视角研究等内容。(4)民族文化遗产学。以少数民族文化遗产(含物质的和非物质的)为研究对象,研究探索其历史源流、性质特征、结构内涵、价值功能,揭示其发生发展、流变消亡规律,服务于其抢救、保护、传承、发展、管理、开发、利用活动的学科。民族文化遗产学是一门新兴的交叉复合学科,以民族学、文化遗产学学科知识为主干,融合考古学、历史学、博物馆学、地理学、生态学、建筑学、经济学、管理学、旅游学等众多学科知识。这些学科知识相互融合、相互交叉、相互渗透、相互支持、相互作用,融合衍生成为民族文化遗产学的基本学科知识。

(二)建筑环境监测及防护博士点

建筑环境监测及防护博士点是 2014 年经学校批准在环境科学与工程一级学科博士点下自主设置的二级学科博士点。建筑环境监测及防护是一门交叉学科,对我国实施可持续发展战略有着积极作用。随着社会文明的发展及城市化进程的加快,建筑环境监测及防护的科学理论和工程技术将对经济发展和社会稳定起到更加重要的作用,也将进一步满足现代化城市与重大工程综合防御重大灾害的需要。本学科主要采用结构静动力学、岩土力学、工程地质学、地震工程学、抗风工程学等科学理论与研究方法,开展工程建设环境中各种重大灾害的成灾形式、破坏机理及模式、灾害预测及防治的研究,发展和完善建筑环境防灾设计理论和方法以及建筑环境灾害防治与防护相关的应用技术研究。

设立的主要研究方向有:(1)建筑环境灾害智能监测。该方向基于无线传感网络的结构监测、结构动力特性识别与损伤诊断智能化、非线性随机动力学与控制等展开研究。(2)土木建筑环境灾害高性能数值仿真。建筑环境灾害高性能数值仿真包括各种载荷条件下土木建筑结构灾变条件下可能破坏形式及施工过程的数值模拟等,对指导结构设计和施工有着非常重要的理论和应用价值。本研究方向通过研究高性能结构分析方法及灾害条件下结构行为的数值模拟,为结构的经济安全设计提供理论依据。(3)建筑环境可持续发展。综合考虑城市与社会发展,综合防范交通事故,最大可能减少交通事故及各类灾害所导致的损失,主要研究内容包括交通安全规划、交通安全设计与管理等交通安全保障对策;交通生命线工程及交通系统可靠性研究;建立高效交通事故紧急救援管理系统;研究大型活动期间及灾变时的交通安全对策和安全管理决策支持系统,提供各种有关交通工程的防灾咨询服务。(4)城乡规划与环境保护。从不同尺度来解决城乡规划和环境保护问题,具体的研究内容包括全球气候变化下的城乡规划发展研究、海岸带与海岛的空间布局方法研究、生态规划研究、生态城市与规划建设研究等。

二、硕士点

(一)建筑学一级学科硕士点

1999 年获"建筑设计及其理论"专业硕士学位授权点,2005 年获得"建筑学"一级学科硕士学位授予权 ,2007 年通过了"全国高等学校建筑学硕士学位研究生教育评估",获得了"建筑学硕士"专业学位授予权。2011 年、2015 年、2019 年通过专业教育评估复评。其中 2019 年专业教育评估为优秀,是全国第 19 家本科和硕士通过专业教育评估"双优"的高校。建筑学学科为"福建省省级重点学科",建筑学专业入选教育部第三批"卓越工程师教育培养计划"。本学位点培养适应社会需求、理论素养较高、能灵活掌握建筑设计方法、熟练应用相关设计软件、承担工程设计任务,具有一定科研工作能力的建筑设计领域的高层次应用型专门人才。要求研究生热爱祖国、拥护中国共产党,掌握马列主义、毛泽东思想和中国特色社会主义理论,形成社会主义核心价值观,具有良好的思想品德、社会公德和职业道德。培养方向有:(1)建筑设计及其理论。该方向重点研究建筑设计的理论及其实践。(2)建筑历史与理论。该方向主要围绕中外建筑历史、文化与理论展开研究与实践。(3)建筑技术科学。该方向主要研究建筑声光热对建筑环境的影响、绿色建筑设计、建筑节能及亚热带地区可持续建筑设计等。(4)城市与区域规划。该方向主要研究创造舒适、经济、结构合理、健康的社区、城市和区域的规划理论与实践方法。

(二)土木工程一级学科硕士点

土木工程学科办学历史可追溯到 1922 年 7 月的工学部,1927 年 6 月停办,

1937 年 7 月由萨本栋校长亲自创建并兼任系主任，曾于 1938—1953 年招生，培养了一批杰出的土木工程专业人才，如我国著名岩土工程专家曾国熙教授，随机结构动力学国际著名学者、美国工程院院士林幼堃先生，中国工程勘察设计大师吴自迪先生，著名固体力学专家刘鸿文教授等。1953 年由于全国院校大调整，厦门大学土木工程系内迁到浙江大学、华东水利学院等院校。1999 年厦门大学经教育部批准恢复了土木工程专业，2003 年获批“结构工程”硕士学位授权点，2005 年获批“土木工程”一级硕士学位授权点，土木工程学科为福建省重点学科。本学位点培养“宽口径、厚基础、高素质、强能力、广适应”的高级应用研究型人才，要求研究生热爱祖国、拥护中国共产党，掌握马列主义、毛泽东思想和中国特色社会主义理论，形成社会主义核心价值观，具有良好的思想品德、社会公德和职业道德。毕业研究生需具有坚实的数学、力学基础和系统的专业知识，以及数值计算分析能力，具有独立开展研究工作的能力，能在今后的工作中做出一定专业技术创新工作。培养方向有：(1)土木工程结构智能监测。主要培养内容为结构损伤识别和结构健康监测、无线传感监测技术、结构安全性评估等。(2)结构静动力数值仿真。主要培养内容为高性能结构数值仿真方法，如高效无网格法、等几何分析方法及基于 OpenSees 的软件开发和应用等。(3)岩土工程。主要培养内容为地下结构声发射监测和安全预警技术、软弱岩体损伤破坏机理及边坡稳定性分析等。(4)土木工程建造管理。主要培养内容为建筑法规和规范、建筑材料、工程经济学及 BIM 技术及其在土木工程中的应用等。

(三)力学一级学科硕士点

力学一级学科硕士点于 2005 年设立，其定位和发展目标是本着“重基础、宽口径、高素质”的培养理念，全面提升力学学科的整体实力，努力建成特色鲜明并在东南地区有一定影响的高水平应用研究型学科。2010 年力学教学团队获批为福建省省级优秀教学团队。厦门大学力学一级学科硕士点主要依托建筑与土木工程学院，同时材料学院、航空航天学院、数学科学学院等校内相关单位参与建设。本学位点研究生应掌握数学、力学及有关的物理学理论基础及系统的专业知识，了解本学科的现状和发展方向，能够独立承担工程力学专业领域中较为主要的理论研究、实验研究任务和工程设计等工作。要求研究生热爱祖国、拥护中国共产党，掌握马列主义、毛泽东思想和中国特色社会主义理论，形成社会主义核心价值观，具有良好的思想品德、社会公德和职业道德。培养方向有：(1)计算力学。主要培养内容为研究力学中的高性能计算方法，尤其是结构静动力分析的高效无网格法和有限元法。(2)动力学与控制。主要培养内容为研究结构动力学特性分析、结构振动控制、结构健康监测、岩土与地下结构微震声发射监测等。(3)固体力学。主要培养内容为研究在铁电陶瓷材料中微结构的运动(畴变)对微裂纹形成和扩展的影响机理和损伤模型。经学院和学校自行审核申报、省学位办复核，2019 年 10 月 30 日，福建省学位委员会办公室发文《关于 2019 年学位授权点动态调整结果的公示》，同意撤销力学一级学科硕士点。

(四)建筑学硕士专业学位硕士点

建筑学学科于 2007 年、2011 年、2015 年和 2019 年 4 次通过“全国高等学校建筑学硕士学位研究生教育评估”，获得“建筑学硕士”专业学位授予权。从 2013 年开始，除招收建筑学一级学科学术型硕士外，同时开始招收建筑学专业学位硕士。本学位点以培养国家基本建设需要的高级应用型人才为宗旨，坚持培养热爱祖国、拥护中国共产党，掌握马列主义、毛泽东思想和中国特色社会主义理论，形成社会主义核心价值观，具有良好的思想品德、社会公德和职业道德，具有良好职业建筑师综合素质和创新性素质的高级工程技术人才。培养方向有：(1)建筑设计及其理论。该方向重点研究建筑设计的理论及其实践。(2)建筑历史与理论。该方向主要围绕中外建筑历史、文化与理论展开研究与实践。(3)建筑技术科学。该方向主要研究建筑声光热对建筑环境的影响、绿色建筑设计、建筑节能及亚热带地区可持续建筑设计等。(4)城市与区域规划。该方向主要研究创造舒适、经济、结构合理、健康的社区、城市和区域的规划理论与实践方法。

(五)“土木水利”工程硕士点(2019 年以前名称为“建筑与土木工程”工程硕士点)

土木工程学科办学历史可追溯到 1922 年 7 月的工学部，1927 年 6 月停办，

1937年7月由萨本栋校长亲自创建并兼任系主任，曾于1938—1953年招生，培养了一批杰出的土木工程专业人才。1953年由于全国院校大调整，厦门大学土木工程系内迁到浙江大学、华东水利学院等院校。1999年厦门大学经教育部批准恢复了土木工程专业，2005年获得建筑与土木工程领域工程硕士学位授予权，2019年该硕士点调整为土木水利工程硕士点。本学位点主要培养方向为结构工程理论与应用、防灾减灾与防护工程、岩土工程与地下结构、施工技术与工程项目管理、建筑规划设计与理论等，研究生应热爱祖国、拥护中国共产党，掌握马列主义、毛泽东思想和中国特色社会主义理论，形成社会主义核心价值观，具有良好的思想品德、社会公德和职业道德。(1)土木工程方向的毕业研究生需具有坚实的数学和力学基础，掌握常用结构设计分析计算方法，具有独立开展研究工作的能力，能在今后的工作中做出一定专业技术创新工作。(2)建筑规划方向的毕业研究生需掌握较为扎实和系统的建筑设计与理论及规划设计与理论学科的基本理论及其宽广的专业知识，具有一定的科研能力，具有丰富的工程实践经验。

第二节　研究基地、研究所、中心

一、省级实验教学示范中心：厦门大学土木工程实验教学中心

厦门大学土木工程实验教学中心2013年获批福建省“十二五”高等学校实验教学示范中心，由厦门大学投资约1700万元购置设备，面向土木工程、工程管理、建筑学、城市规划及相关专业的综合性实验中心，下设数字化设计、材料力学、建筑材料、工程测量、岩土工程、流体力学和结构工程共7个实验室，总建筑面积约1500平方米。

学院实验室获得中央高校改善基本办学条件专项、“双一流”建设、创新平台和校长基金等资金支持，逐年更新老旧仪器设备，购置新开课程所必需的仪器设备，改善实验教学硬件条件，目前已开出建筑学、土木工程、城市规划专业相关的建筑信息建模(BIM)、建筑设计数字表现、材料力学实验、土力学、工程测量、土木工程材料、结构实验理论与实践、城乡规划新技术GIS应用等系列本科实验课程。

各实验室总体建设起点高，设备先进，不仅能满足建筑学和土木工程、工程

管理等学科本科教学大纲对实验教学的基本要求，而且尽量给师生足够的自主选择空间，鼓励学生充分利用实验中心的资源进行实验、科研和各类课外科技活动。实验室承担了多项国家级、省级及校级的大学生实验创新项目，以及本科生的各种专业竞赛的实验项目。学生多次在全国周培源大学生力学竞赛（个人赛）、全国高等院校学生“斯维尔杯”建筑信息模型（BIM）应用技能大赛、全国大学生混凝土材料设计大赛、全国大学生结构设计竞赛等学业竞赛中获奖。

土木工程实验教学中心所属实验室现有专职实验技术人员8名，同时有数十名专业教师参与实验室的实验教学工作。实验室人员均为本科以上学历，具有高、中、初级职称，人员配置合理。土木工程实验教学中心的目标是努力为教学、科研服务，创建设施先进、管理规范、开放性的标准化实验室。

二、省级虚拟仿真实验教学中心：厦门大学 BIM 虚拟仿真实验教学中心

厦门大学 BIM 虚拟仿真实验教学中心成立于2016年，同年11月被福建省教育厅批准为厦门大学 BIM 虚拟仿真实验教学中心（省级）。仿真中心依托厦门大学建筑与土木工程学院、厦门大学土木工程实验教学示范中心（省级），围绕建筑信息模型技术，以 SD 大赛为依托，结合城市规划、建筑、土木、工程管理4大专业，构建全生命周期的虚拟仿真实验教学体系。其主要特色有：建设工程项目全生命周期的虚拟仿真实验平台、构建多专业跨学科的虚拟仿真实验平台、构建多层次的虚拟仿真实验教学体系、以新工科建设为中心的实验方案设计思路以及进行教学方法创新。

三、厦门市交通基础设施智能管养工程技术研究中心

厦门市交通基础设施智能管养工程技术研究中心依托厦门大学建筑与土木工程学院，始建于2014年3月，厦门市科学技术局于2017年8月正式将其认定为厦门市工程技术研究中心。研究中心长期致力于解决交通基础设施管养的共性技术难题，促进基础设施管养行业向智能化和信息化方向发展。现有4个研究方向设置了研究室，分别是交通基础设施健康监测与智能检测研究室、交通基

础设施灾变仿真模拟与性能评估研究室、交通基础设施耐久性评价与腐蚀防护研究室、交通基础设施服务性能仿真模拟与评价研究室。

研究中心已初步建成一支高水平、国际化的队伍，有固定编制研究人员 30 余名，流动编制研究人员近 200 名，其中包括国家自然科学基金优秀青年基金获得者、教育部新世纪优秀人才、福建省高等学校新世纪优秀人才等高层次人才。近 3 年来，研究中心承担项目 60 余项（国家级科研项目 20 余项），获得财政资助 2000 余万元，取得了丰硕的科研成果。通过与厦门市建设局、厦门市公路局、厦门路桥检测公司、厦门合诚检测公司、厦门市建筑科学院等部门与企业开展实质性合作，研究中心产学研合作成果显著，已产生近 2000 万的经济效益，并获得厦门市科技进步奖三等奖一项。

四、厦门大学建筑与规划研究所

厦门大学建筑与规划研究所是 2007 年 1 月厦门大学为推动建筑学科全面发展批准成立的教学科研平台。所长罗林，曾任厦门大学学术委员会委员、建筑与土木工程学院教授委员会主任委员，现为建筑与土木工程学院教授、校建设领导小组成员、校马来西亚分校建设领导小组成员、校园建设规划委员会成员。

研究所利用厦门大学建筑、规划、环艺等文理综合学科优势，致力多方合作，并结合教学，展开公共建筑、城乡规划、园林景观等方面的设计理论与创作方法研究，侧重 3 个方向：

(1)侧重闽南地域文化与城乡建筑，特别是厦门大学历史地段、历史建筑、校园景观保护、更新的设计理论与创作方法研究。主要成果表现在：厦门南普陀寺—经济学院—大南校门厦大一条街、厦门集美旧城岑西路—集源路—厦沙高速、厦门鹭江道和平码头（原太古码头）—鹭江宾馆、厦门莲花溪—佛心寺—农禅园、漳州漳浦旧城、漳州云洞岩风景区、厦门大学芙蓉湖南岸、厦门大学群贤祖厝—郑成功演武场—南大门、厦门大学白城大门—南光片区、厦门大学萨本栋墓园—鲁迅广场—三家村，厦门大学成伟第一等地段的更新与改造研究。

(2)侧重当代教育建筑，特别是厦门大学“嘉庚建筑”传承的设计理论和创作方法研究。主要成果表现在：安徽师范大学，集美工业学校（陈嘉庚办），厦门大学嘉庚学院核心区，厦门大学科艺中心、自钦楼（学生活动中心）、勤业楼、经济学院、海洋学院、化学化工学院、艺术学院、法学院、翔安校区学生广场等建筑与环境的新建或改扩建设计研究。

(3)追随厦门大学国际化、“双一流”建设步伐，多学科、国内国际合作，跨海丝国家、地区（中国台湾）、跨文化的华人建筑与华人城乡住区设计理论与方法研究，是自2012年以来也是研究所未来专注的主要方向。主要成果表现在：中国第一所著名高校海外分校——厦门大学马来西亚分校选址规划与建筑策划，总体规划与全部教学科研生活单体建筑创作，音乐厅、学生中心等主要室内设计创作，以及校园总体景观设计及相关理论研究等。分校2013年开工，2015年第一届学生入学，2019年毕业。研究所师生与马来西亚当地规划师、建筑师、咨询工程师通力合作完成实施设计和现场施工监督指导，建设项目大部已建成使用。

五、厦门大学海峡两岸城市规划研究所

厦门大学海峡两岸城市规划研究所2009年6月经学校批准设立。其目的是以海峡两岸城市规划研究所为平台，加强同港澳台及东南亚地区城市规划院校与科研机构的学术交流与合作，提高教师与社会实践相结合的能力，促进师资队伍的建设，提高高年级本科生、研究生理论与实践相结合能力，为外来访问学者提供社会实践的空间。

主要研究方向有：

(1)海峡两岸城市群比较。海峡两岸城市发展起点的社会经济基础不同，发展动力机制不同，管理的机制不同。在今天，海峡两岸的发展交融在一起，台湾城市群发展的成功经验对海西具有借鉴意义；面对共同的未来，海峡两岸城市群的体系结构、产业等级、类型及分工不仅对福建与台湾，乃至对我国沿海地区的城市化和产业化前景也具有举足轻重的作用。

(2)闽台城市一体化研究。台海关系及福建省的独特区位优势决定了福建的产业和空间结构调整必须建立在闽台互动基础之上。如何从台海关系这一地缘政治、经济格局的新变局中寻求新的经济增长点并以此为依据重构空间结构；在协调好区域间分工关系的前提下，建立可以促进闽台产业、空间互动，并最终实现闽台一体化、构建台海经济区的国家战略目标是研究的主要内容。

(3)滨海人居环境建设。滨海地带是水与陆地的二元并列结构，是特殊的生

态单元，两者结合构造出重要的城市课题。滨海不仅具有一般的水体对于城市的意义，还具有更大范围的辐射与吸引功能，是得天独厚的人居环境区位。研究着重于人与水的息息相依的关系，进而确立水体对于建筑和城市不可或缺的意义。

(4)闽台城市建设制度比较。市场经济体系下的城市规划实际上是城市建设制度的组成部分，城市规划在城市建设制度内所占的地位因地域情况不同而不同。海峡西岸城市建设制度的大背景是改革开放推动计划经济向市场经济的转化，特殊的转型经济形成两种制度和两种激励机制的并存。台湾城市建设长期受市场经济价值规律的影响，有着较稳定的城市经济空间结构。通过闽台城市建设制度比较，借鉴台湾成功的建设经验，吸取其失败教训，有利于我国城市建设效益的提高。

(5)闽台城市公共安全。从SARS爆发到汶川地震城市公共安全问题日益凸显。台湾地区在1999年遭受“9·21”地震后，加强了对城市防灾规划和危机管理体系的研究，在规划的内容方面规定都有对于灾害预防、紧急应变及灾后复原三方面内容；建立防灾都市，除防灾基本考虑外，主要考虑防灾生活圈规划、防灾都市基盘建设和都市防灾管理。汶川大地震以后，全国各地重新对防灾规划进行审议和修改，制订了新的防灾规划，并积极推动防灾规划的实施，台湾的经验有助于我国提高地区的灾害防御能力。

(6)闽台城市文化。城市是人类文化活动的主要场所。改革开放以后，我国的城市建设由于过分追求速度和规模、数量，而忽视了对城市文化的保护、传承，许多城市在快速发展过程中失去了应有的独特个性，各个城市的建筑面貌大体雷同，城市面貌也大体雷同，“千城一面”的状况是经常被提到的话题。闽台一衣带水，一脉相连，台湾的文化和闽南文化有着十分密切的联系。台湾在城市建设中对城市文化方面的保护、传承、延续有许多成功经验值得我们学习借鉴。

(7)闽台城市建设史。闽台都是移民社会，汉文化始终成为闽台的主流文化。闽南城市文化中不论是建筑形式，还是城市结构都在台湾的传统建筑及城市形象上得到延伸。对闽台建筑史、城市建设史的研究已经取得了很大的成就，但还要在社会、经济、文化等方面扩大研究的内容，改善研究的方法，提高研究的理论水平。除对古代城市史的进一步研究外，也要加强对近现代城市史和地方城市、特殊类型城市的系统及专题研究，以利于当前的建设。

(8) 闽台地域建筑现代化。“现代建筑的地区化，乡土建筑的现代化，殊途同归，推动世界和地区的进步与丰富多彩。”随着全球各文化之间同质性的增加，发掘地域文化精华也愈显迫切。闽台具有共同的传统地域建筑文化，也面临地域建筑现代化的挑战，以闽台地域建筑作为一个整体研究，对传统建筑人居环境模式与技术的发掘，对传统建筑文化价值的延续与发展，有利于创造新的有地区特色的建筑文化。

六、厦门大学湾区（大鹏）规划与发展研究中心

2018 年 2 月，经学校批准设立厦门大学湾区（大鹏）规划与发展研究中心，5 月10 日正式揭牌运行。在大鹏新区综合办公室及各部门、厦门大学相关单位的大力支持下，中心按照“科学、规范、高效、创新”的工作理念，依据年度工作任务计划书要求，较好地完成了各项预定任务目标，为新区改革与发展提供有力智力支持。

一是紧扣粤港澳大湾区战略，为新区规划发展提供决策咨询服务。组织召开高端研讨会，为新区抢抓粤港澳大湾区机遇建言献策，开展抢抓粤港澳大湾区建设机遇研究，为新区规划发展提供新路径，积极参与所在城市申遗重点课题研究，助力打造世界级滨海生态旅游度假区，紧盯时事热点问题，开展实地调研并撰写产业发展研究报告。

二是紧扣生态文明转型升级，为新区加快绿色发展注入新动力。开展生态文明转型升级研究，为生态文明制度创新献计献策，及时提供应急决策咨询，为生态文明建设和推进新区可持续发展提供智力支持，围绕新区重点新兴产业，研究提出绿色发展配套产业策略。

三是紧扣高质量“美丽大鹏”建设，为新区城市品质提升建言献策。深入研究墟镇建设，为塑造南澳滨海特色名片提供方案，积极参与新区各街道环境卫生指数调研，探索项目生成机制创新，为新区高标准建设提供新思路，积极开展社情民意调查监测方案研究。

四是紧扣新区人才平台拓展，着力搭建校-区合作新高地。组织权威专家开展系列讲座，推荐优秀应届生到新区实习，组织厦大师生在大鹏新区开展社会实践活动，协调新区与厦门大学交流活动及科研团队共建，健全运作机制打好软硬

件基础,借助多方渠道提升新区社会知名度。

七、空间信息技术在文化遗产保护中的应用研究国家文物局重点科研基地（清华大学）厦门工作站（厦门大学）

2017 年 10 月 30 日,在清华大学建筑学院召开了空间信息技术在文化遗产保护中的应用研究国家文物局重点科研基地(清华大学)第二届学术委员会二次会议暨学术报告会,会议同意成立厦门工作站。厦门工作站围绕福建文化遗产要素,其中重点围绕厦门鼓浪屿案例地,运用 3S 空间技术手段,开展示范性研究,并逐渐向闽南等地区形成辐射。主要研究方向包括基于数字技术的文化遗产信息管理与计算性设计研究、基于数字技术的文化遗产城乡发展与文化振兴研究、基于数字技术的文化遗产建筑保护与更新设计研究及基于数字技术的文化遗产结构修复与安全风险研究。

第三节　重点实验室

学院拥有厦门市文化遗产数字化保护与应用重点实验室。2019 年 4 月 25 日,厦门市科学技术局公布了 2019 年厦门市重点实验室备案结果,经建设单位申报和科技局审核,该实验室符合备案条件。

该重点实验室依托厦门大学人文优势学科和信息优势学科,具备人文交叉和数字技术实验环境优势;依托厦门大学“能源科学与工程学科群”中的“绿色建筑与节能”子方向和“人文与艺术学科群”中的文化传承创新项目“双一流”建设点,具备科研提速实验环境优势;依托已获批教育部新工科立项“基于数字技术的建筑学教学改革”,具有较好的学科创新实验环境优势;依托“文化遗产与城市建设”博士点,具备人才培养实验环境优势;依托学科带头人长期在文化遗产和数字领域的调查研究,具备人才储备和成果积累的实验环境优势;依托厦门大学建筑设计研究院(建设设计甲级资质、文物保护修缮丙级资质),具备实践平台实验环境优势;依托“空间信息技术在文化遗产保护中的应用研究国家文物局重点科研基地(清华大学)厦门工作站(厦门大学)”,具备行业对接的实验环境优势;

依托“厦门大学鼓浪屿文化遗产保护校外实践教育基地”“厦门大学土楼文化遗产保护校外实践教育基地(筹)”等基地，具有较好的实践平台创新环境。

该实验室获批了教育部产学研合作协同育人项目：“基于 BIM 技术多专业协同的新工科建筑师培养体系的研究与实践”(北京谷雨时代教育科技有限公司)，李立新主持；“基于文化遗产的 HBIM 教学实践研究”(北京柏慕进业工程咨询有限公司)，饶金通主持；“基于 HBIM 文化遗产保护双创基地”(北京柏慕进业工程咨询有限公司)，李渊主持；“闽南传统建筑虚拟仿真实验”(北京润尼尔网络科技有限公司)，饶金通主持。

组建了联合实验室：“厦门大学建筑与土木工程学院-筑理科技三维实景模型数字应用联合实验室”和“厦门大学建筑与土木工程学院-佰模伝信息科技 BIM 数字应用联合实验室”。

创建了校外实践教育基地：“厦门大学建筑设计研究院”、“厦门大学城市规划设计研究院”、“厦门大学鼓浪屿文化遗产保护校外实践教育基地”、“厦门大学土楼文化遗产保护校外实践教育基地(筹)”和“厦门大学福林村校外实践教育基地”。

承担了服务地方的科研成果转化课题：围绕厦门地区鼓浪屿、土楼、漳州古城等典型案例的文化遗产保护与应用需求，开展了厦门地区的遗产建筑测绘、保护性设计和修缮工作，出版了相关的图集、专著、测绘成果和案例经验，比如《鼓浪屿历史风貌建筑测绘(20 世纪 90 年代)》、《厦门市历史风貌建筑保护法规》(研究稿)(2000 年)、《厦门大学近现代建筑群测绘(21 世纪初)》等。主要成员还直接参与了鼓浪屿历史风貌建筑保护条例的制定和鼓浪屿世界文化遗产地的申报工作，持续将科研成果进行地方需求建设的转化。

第四节　对外交流成果

在外事工作上始终坚持“引进来、走出去”战略，努力提升学院的国际化进程。

在国际师生互访上，近 10 年来，年均出访教师 20 余人，年均出访学生 30 余人，年均接待师生来访 50 余人。

学院加强对外交流和合作，不断拓展交流合作项目，与英国、法国、德国、美国、荷兰、瑞典、西班牙、韩国、日本、新加坡、新西兰等国及港台地区的院校和研究机构进行学术交流，合作形式包含联合培养、科研合作、短期学生交换、联合设计工作营、暑期项目等。

与英国纽卡斯尔大学、英国卡迪夫大学、美国天普大学、法国因萨·布列塔尼国立高等建筑学院、德国特里尔应用科技大学、意大利罗马第三大学、西班牙拉塞尔大学建筑学院等院校签订校级或院级学生交流协议。

派出学生赴新加坡国立大学、美国迈阿密大学等高校参加暑期项目，与美国麻省理工学院联合开展暑期夏令营，与新加坡南洋理工大学、德国斯图加特大学、德国特里尔应用科技大学、中国台湾东海大学、中国台湾金门大学等进行联合设计教学和交流活动，邀请国内外建筑、城市规划、土木工程等专业领域的知名教授、学者等来学院讲学，进行学术交流。积极举办学术会议，鼓励师生参加国际学术会议及赴境外进行学术交流。

为了推动我院在建筑遗产方面的特色化学科建设进程，吸收国际先进理论和技术，在张荣校长的支持下，我院与意大利国家研究委员会保护-文化遗产研究中心和联合国教科文组织亚太地区世界遗产培训与研究（WHITRAP）中心（上海）签订了三方战略合作备忘录。WHITRAP（上海）项目主管 Marie-Noel Tournoux 博士参与了我院于福建永定土楼举办的“文化遗产保护工作营”，考察结束后，Tournoux 博士于 WHITRAP 中心简讯中大篇幅报道了永定村的遗产保护和可持续发展情况。基于此三方战略合作备忘录，我院开设了“历史建筑遗产保护与活化”作为该合作的重点执行子项目，并以海上丝绸之路沿线聚落遗产为主要教学对象，目前课程已完成。学院正积极与美国伊利诺伊大学、土耳其中东技术大学、希腊雅典国立科技大学讨论联合培养或合作备忘录事宜。

学院近 5 年举行了 50 场学术会议、学科竞赛和学术展览等活动，派出约 400 人次师生出境开展学术交流活动，邀请国内外专家来校开展了约 200 场学术报告。

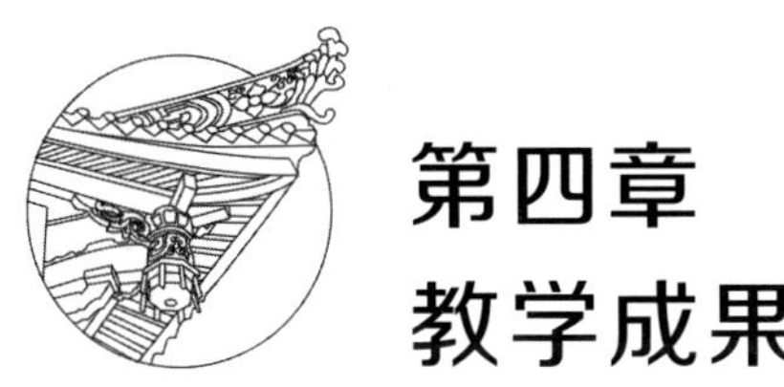

第四章 教学成果

第一节　专业设置

类　别	一级学科	专　业	学制/年
本科	建筑学	建筑学	5
	土木工程	土木工程	4
	城乡规划学	城乡规划学	5
	管理科学与工程	工程管理	4
硕士	建筑学	建筑设计及其理论	3
		建筑历史与理论	3
		建筑技术科学	3
		城市与区域规划	3
	建筑学(专业学位)	建筑学	3
	土木工程	结构工程	3
		岩土工程	3
		防灾减灾工程及防护工程	3
		桥梁与隧道工程	3
		土木工程建造与管理	3
	工程硕士(专业学位)	土木水利(原建筑与土木工程)	3
博士	考古学	文化遗产与城市建设	4
	环境科学与工程	建筑环境监测及防护	4

第二节 课程体系

一、2012年及以前的课程体系

(1)建筑学专业培养从事建筑设计、城市规划、风景园林设计、建筑教育与科学研究，以及城市建设管理的高级技术应用型人才。培养目标为使本专业学生获得合格职业建筑师的基本必需训练。

课程体系包括6类课程：

①公共基本课程：34学分(按学校要求必修)。

②学校通识课程：17学分(必修5学分，选修12学分)。

③院通识课程：9学分(必修 其中专业基础平台课程3学分)。

④学科通修课程：82学分(必修)。

⑤学科类方向性课程：17学分(选修，其中1～2学分可跨院系选修)。

⑥其他教学环节：27学分(必修)。

(2)土木工程专业培养掌握土木工程学科的基本理论和基本知识，获得工程师基本训练，具备从事土木工程项目规划、设计、研究开发、施工及管理的能力，能在房屋建筑、地下建筑、道路与桥梁等的设计、研究、施工、教育、管理、监理、咨询、投资和开发部门及相关行业从事技术和管理工作的具有创新能力的高级工程技术人才。本专业学生获得合格结构工程师的基本必需训练。

课程体系进行如下设置：

①公共基本课程：由学校根据统一要求开设的思想政治理论课、军事理论课、外语、大学计算机、体育等组成，必修，总学分37学分。

②通识课程：由校通识课程与院通识课程组成，共计21学分，必修9学分，选修12学分。学校通识课程包括大学语文、学科入门指导、电工技术、电工实验和跨学科基本课程，占16.5学分。其中跨学科基本课程12个学分，课程不限，由学生自选；院通识课程包括画法几何、AutoCAD和学科入门指导3门基础平台课程，占4.5学分。

③学科通修课程：这部分课程是学科和专业最基础、最基本、最核心的课程，涉及数、理、化、力学、材料、结构设计原理与方法、经济、管理等29门专业基础平台课程和专业平台课程，必修，总学分达65学分。

④专业方向性课程：为了适应宽口径的土木工程（大土木）专业培养目标和专业评估要求，根据我系师资队伍的结构特点，实行“一主一辅制”，设置了建筑工程方向、地下工程方向和桥梁工程方向 3 个专业方向性课群组。各课群组的方向性选修课程为 14～15 个学分，学生从三年级第二学期开始可以根据自己未来升学或就业的不同志向，自由选修其中一个课群组的全部课程（14～15 个学分）以及其他任一课群组的 2 门课程（4～5 个学分）。专业方向性课程合计 19～20 学分。

⑤系选修课程：包括防灾工程学、建筑工程质量鉴定与事故处理、结构工程师设计实践、有限单元法简介、专业发展论坛、结构概念设计、新型建筑材料等 20 多门课程，要求学生从中选修 3～4 个学分、45～60 个学时的课程，每门课程只要有 20～30 名学生选修即开课。

⑥其他教学环节：根据土木工程学科实践性强、工科特色明显的特点，设置了：a.军事训练环节；b.实习环节，包括测量实习、金工实习、认识实习、生产实习、毕业实习；c.课程设计环节，含房屋建筑学课程设计、混凝土结构课程设计或桥梁结构课程设计（二者任选一）、钢结构课程设计、施工组织课程设计；d.毕业设计（毕业论文），在大四的第二学期进行，此环节是对学生 4 年专业知识和综合能力的综合训练，为重中之重，因此安排了 8 个学分。上述 4 个环节共计 25 学分，达到学校规定的 22 学分以上的要求。

（3）城市规划专业培养适应社会需求，具备城市规划、城市设计等方面的知识，能在城市规划设计、城市规划管理、决策咨询、房地产开发等部门从事城市规划设计与管理，开展城市道路交通规划、城市市政工程规划、城市生态规划、园林游憩系统规划，并能参与城市社会与经济发展规划、区域规划、城市开发、房地产筹划以及相关政策法规研究等方面工作的城市规划学科高级工程技术人才。同时使本专业学生获得合格职业城市规划师的基本必需训练。

课程体系包括 6 类课程：

①公共基本课程：34 学分（按学校要求必修）。

②学校通识课程：16 学分（必修 4 学分，选修 12 学分）。

③院通识课程：8 学分（必修）。

④学科通修课程：71 学分（必修 67 学分，选修 4 学分）。

⑤学科类方向性课程：17 学分（选修）。

⑥其他教学环节:25 学分(必修)。

二、2013 年修订的课程体系

2013 年,学校招生改革,把建筑学(学制五年)、土木工程(学制四年)、城乡规划(学制五年)3 个一级学科作为一个招生大类进行招生,培养方案进行相应的调整。3 个专业基本的教学指导思想是:立足于国家建设需要,坚持知识、能力、素质协调发展,培养基础厚、知识宽、素质高、能力强的建筑、土木工程、城乡规划学科的实事求是、勇于创新、独立思考的社会主义建设者。

建筑学专业要求掌握建筑学科的基本理论、基本知识和基本的设计方法,具备建筑师的职业素养、突出的实践能力,具有国际视野,富于创新精神的开拓者以及本专业领域的专业领导者。

土木工程专业要求掌握土木工程学科的基本理论、基本知识,获得工程师基本训练及职业素养,具有创新精神的高级专门人才。

城乡规划专业要求掌握城乡规划专业技能,具备城乡规划理论素养,能够胜任城乡规划设计、管理和研究工作,并具有参加区域规划、土地利用规划、交通和市政工程、环境生态规划、社区规划等领域工作的基本能力的高素质、创新型和能力强的复合型优秀人才。

本大类学生在学期间必须修满教学计划规定的 182 学分方能毕业,其中必修:公共基本课程 11～12 门 29～31 学分,通识教育课程 4 门 14 学分,学科通修课程 15 门 38 学分。

一年级按专业大类培养,不分方向,以人文社会科学、专业基础、通识理论知识为主,培养专业兴趣与素养。二年级开始,根据学生个人意愿和成绩要求实行 3 个专业分流培养。

建筑学专业:专业或方向性课程中,要求完成 13 门 28 学分的必修课程、17 门40 学分的限定性选修课程,以及其余 5 个选修学分的课程学习;其他教学环节中,必须完成计划中规定的所有实践与实习,共 10 门课程 28 学分;创新创业训练与社会实践为任选,顺利结题或考核合格,计 2 学分;短学期按教学计划一至三年级 1～2 周开设实验、设计等课程,其余几周安排实践实习,四年级建筑系、城市规划系学生安排进入设计单位参加实习,同时短学期不定期邀请校内外专家来校举办讲座。

土木工程专业:在专业或方向性课程中设置了2个方向:三年级实行分方向培养,学生可在土木系指导下选择不同的方向,主修一个方向的全部课程,辅修另外2个方向中其中一个方向课群组的部分课程。建筑工程方向:要求完成12门32学分的必修课程,18门36学分的限定性选修课程,不少于4学分的辅修方向课及3学分系选修的课程。道路与桥梁工程方向:要求完成12门32学分的必修课程,19门38学分的限定性选修课程,不少于4学分的辅修方向课及3学分系选修的课程。其他教学环节中,必须完成计划中规定的21个必修、3个选修学分的实践与实习;创新创业训练与社会实践为任选,顺利结题或考核合格,计2学分。短学期以实践、实习为主,上课为辅,要求学生要在短学期完成相应的教学要求和学分,完成各项课程设计等。

城乡规划专业:专业或方向性课程中,要求完成5门18学分的必修课程、17门43学分的限定性选修课程,以及其余13个选修学分的课程学习;其他教学环节中,必须完成计划中规定的所有实践与实习,共8门课程27学分;创新创业训练与社会实践为任选,顺利结题或考核合格,计2学分。短学期按教学计划一至三年级1～2周开设实验、设计等课程,其余几周安排实践实习,四年级建筑系、城市规划系学生安排进入设计单位参加实习,同时短学期不定期邀请校内外专家来校举办讲座。

三、2017年修订的课程体系

由于2017年厦门大学本科招生专业大类设置方案调整,学校将学院一个大类(建筑类)3个分流专业(建筑学、城乡规划、土木工程)的招生方案调整为2个大类(建筑类、土木类)4个分流专业(建筑学、城乡规划、土木工程、工程管理)的招生方案。结合学校大类调整需要,学院各系在调研、分析、比较国内外高水平大学人才培养方案的基础上,参照各专业评估委员会专业评估(认证)要求,完成了4个专业2017级新的培养方案修订工作。

(1)建筑学专业基本教学的指导思想为:立足于国家建设需要,坚持知识、能力、素质协调发展,培养基础厚、知识宽、素质高、能力强、实事求是、勇于创新、独立思考的社会主义建设者。建筑学专业要求掌握建筑学科的基本理论、基本知识和基本的设计方法，具备建筑师的职业素养、突出的实践能力，具有国际视野，成为富于创新精神的开拓者以及本专业领域的专业领导者。

建筑学专业学制 5 年，学生在学期间必须修满教学计划规定的 169 学分方能毕业。其中必修：公共基本课程 15 门 31 学分，通识教育课程 5 门 14 学分，学科通修课程 10 门 23 学分；专业或方向性课程中，要求完成 12 门 27 学分的必修课程，16 门 38 学分的限定性选修课程，以及其余 8 个选修学分的课程学习；其他教学环节中，必须完成计划中规定的所有实践与实习，共 9 门课程 28 学分。短学期教学安排：一至三年级 1～2 周开设快题类等课程，其余几周安排实践实习；四年级学生安排进入设计单位参加实习，同时短学期不定期邀请校内外专家来校举办讲座。

(2)城乡规划专业基本教学的指导思想为：立足于国家建设需要，坚持知识、能力、素质协调发展，培养基础厚、知识宽、素质高、能力强、勇于创新、独立思考的社会主义建设者。城乡规划专业要求掌握城乡规划专业技能，具备城乡规划理论素养，能够胜任城乡规划设计、管理和研究工作，成为具有参加区域规划、土地利用规划、交通和市政工程、环境生态规划、社区规划等领域工作基本能力的高素质、创新型、复合型优秀人才。

城乡规划专业学制 5 年。学生在学期间必须修满教学计划规定的 169 学分方能毕业。其中必修：公共基本课程 15 门 31 学分，通识教育课程 5 门 14 学分，学科通修课程 10 门 23 学分；专业或方向性课程中，要求完成 19 门 54 学分的必修课程、12 门 25 学分的限定性选修课程；其他教学环节中，必须完成计划中规定的所有实践与实习，共 7 门课程 22 学分。短学期教学安排：一至三年级开设快题类、实践实习等课程；四年级学生安排进入设计单位参加实习，同时短学期不定期邀请校内外专家来校举办讲座。

(3)土木工程专业以厦门大学建设“世界知名高水平研究型大学”的总体目标为导向，秉承“自强不息，止于至善”校训，弘扬“爱国、革命、自强、科学”精神，培养学生具有扎实的专业基础知识、良好的人文素养、初步的科学研究能力及一定的国际化视野，同时具有强烈的社会责任感、良好的沟通能力和团队协作精神，提供注册工程师所需理论和实践的基本训练，具有从事土木工程的项目规划、设计、施工和管理能力的高层次创新型应用人才。土木工程专业毕业生经过 5 年左右的实际工作锻炼，能够成长为工作单位的技术岗位或管理岗位的业务骨干：①具备土木工程师的基本知识、能力和素质。②能在土木工程及相关领域胜任项目规划、设计、施工和管理等工作，或从事相关的科学研究、国际交流等工作。③能在单项工程的项目规划、设计、施工、管理或科研团队担任负责人或重要角色。④能将社会、法律、安全、环境保护和文化等因素融入土木工程领域的项目规划、设计、施工、管理或科研过程中。⑤围绕土木工程及相关领域的新理论、新技术和新方法，不断学习更新知识体系、提升自身能力。⑥能在工作中发扬科学精神和人文精神，具有高度的社会责任感。

本大类学生在学期间必须修满教学计划规定的 188 学分方能毕业。其中必修：公共基本课程 16 门 33 学分，通识教育课程 4 门 14 学分，学科通修课程 9 门 27 学分。一年级按专业大类培养，不分方向，以人文社会科学、专业基础、通识理论知识为主，培养专业素养与兴趣。二年级开始，根据学生个人意愿和成绩要求实行 2 个专业分流培养。分流后，土木工程专业学生的专业或方向性课程中设置了 2 个主修方向（建筑工程和桥梁工程）：三年级实行分方向培养，学生可选择不同的方向，主修一个方向的全部课程，辅修另外 2 个方向（辅修方向：岩土、建筑工程、桥梁工程）中一个方向课群组的部分课程。建筑工程方向：要求完成 29 门 61 学分的必修课程，6 门 16 学分方向性必修课程（教学计划中列为“建必修”），不少于 5 学分的辅修方向课及 5 学分系选修课程。桥梁工程方向：要求完成 29 门 61 学分的必修课程，8 门 20 学分方向性必修课程（教学计划中列为“桥必修”），不少于 5 学分的辅修方向课及 2 学分系选修课程。其他教学环节中，必须完成计划中规定的 27 个学分，其中 25 个必修学分、2 个方向性必修学分的实践与实习；创新实践为必修，顺利结题或考核合格，计 2 学分。短学期以实践、实习为主，上课、讲座为辅，要求学生要在短学期完成相应的教学要求和学分，完成各项课程设计等。

（4）工程管理专业要求具有土木工程技术、管理学和经济学等学科基本理论和知识，掌握现代管理科学的方法和手段，接受工程师基本训练并具备工程项目建设方案论证与决策、投资控制、招标投标和全过程项目管理的能力，能在大型建筑企业、总承包企业、房地产开发公司、国际经济合作公司、工程咨询和评估公司、建设单位、银行、政府建设主管部门、科研和教育单位从事工程建设项目决策、策划、投标报价和全过程管理的复合型高级工程管理人才。

本大类学生在学期间必须修满教学计划规定的 188 学分方能毕业。其中必修:公共基本课程16门33学分,通识教育课程4门14学分,学科通修课程9门27学分。一年级按专业大类培养(土木类),不分方向,以人文社会科学、专业基础、通识理论知识为主,培养专业素养与兴趣。二年级开始,根据学生个人意愿和成绩要求实行2个专业(土木工程和工程管理)分流培养。工程管理专业的学生要完成专业或方向性课程必修课程34门77学分,选修课程5~7门9学分,其他教学环节中,必须完成计划规定的28必修学分,其中创新实践顺利结题并考核合格,计2学分。短学期以实践、实习为主,要求学生在短学期完成相应的教学要求和学分,完成各项课程设计。

第三节　精品课程与教改项目(国家级、省级)

一、国家级新工科研究与实践项目:“基于数字技术的建筑师培养体系研究与实践”

2018年1月,李立新副教授负责的“基于数字技术的建筑师培养体系研究与实践”入选“国家级新工科研究与实践项目”认定名单,学校共有6个项目入选,全国共612个项目入选。

项目围绕如何培养面向新技术、面向新经济发展、推动我国实现制造强国战略的新型建筑工程师人才这一问题,制定了如下工作目标:(1)探索我国建筑教育的范式迁移,以及建筑教育改革发展的新理念、新思路与新途径,从国家视角、全球视野和未来角度,提炼新型建筑工程人才培养的核心目标。(2)构建面向新建筑工程教育体系,推动我国建筑学科专业课程改革与专业升级,重点在于深入引进BIM+技术、数字化设计与建造技术。(3)推进信息技术与建筑教育深度融合,变学生兴趣为方法,全面落实以学生为中心的理念,加强教学方法和教学手段的改革,实践“互联网+”、虚拟现实环境下建筑工程教育教学方法,提高教育效率和教学效果。(4)促进信息技术与地域建筑、气候研究的结合。

二、首批国家级一流本科课程:“城乡规划新技术 GIS 应用”

2020 年 11 月 24 日,教育部公布了首批国家级一流本科课程认定结果,学院李渊教授负责的“城乡规划新技术 GIS 应用”入选,课程组成员包括李渊、邱鲤鲤、饶金通、张燕来、李立新。

“城乡规划新技术 GIS 应用”由李渊教授主讲,专为空间综合人文社会科学入门者设计,面向对象包括建筑学、城乡规划、旅游管理、风景园林、社会学、管科科学等学生和在职人士。这门课将带领大家进入空间信息技术的技能学习和空间思维训练,综合提升空间问题分析、空间量化计算、空间制图表达、空间决策管理的能力。

截至目前,该在线课程累计选课人数达 4 万人,仅从实名登记的学校来源看,线上在线学校来源包括厦门大学、东南大学、同济大学、天津大学、四川大学、哈尔滨工业大学、南京大学、西安建筑科技大学、浙江大学、中南大学、华南理工大学、山东大学、北京大学、南开大学、吉林大学等 372 所高校或单位。另外,有近 10 余所高校依托“城乡规划新技术 GIS 应用”教学资源开展本地院校的 SPOC 课堂教学,取得了良好的社会效应。

此外,“城乡规划新技术 GIS 应用”除了立项为国家一流本科生课程,也被立项为厦门大学课程思政教学改革课程、厦门大学新工科研究与实践项目课程、福建省创新创业课程、福建省混合式教学课程。

三、国家级社会实践一流课程推荐课程:“城乡规划认识实习”

2019 年,杨哲副教授负责的“城乡规划认识实习”课程入选国家级社会实践一流课程推荐名单,课程团队成员主要包括杨哲、王绍森、黄俊清、王量量、韩洁。课程为城乡规划、建筑学专业大二专业类必修课,在江西设立了厦门大学婺源李坑村大学生校外实践基地。

课程历时 9 年,圆满完成了 2011 年晋陕风韵、2012 年河西走廊、2013 年且看黔行、2014 年厦遇皖南、2015 年齐鲁大地、2016 年山水婺源、2017 年徽杭古道、2018 年赣江南北和 2019 年寻迹珠江。

课程从地理位置、历史文化、社会经济出发，选取实践基地或某区域的城镇、村寨聚落，与当代城乡发展对比，进行“聚落寻源”田野调查，重点内容包括 4 个部分：(1)山水环境格局、区域性组团关系及交通联系方式；(2)城镇村内部结构，街巷空间肌理特征；(3)自然地理、城乡与建筑风貌的形式特点；(4)历史人文乡俗等虚体、情感要素的提炼。

课程具有以下特色和创新点：(1)多层次团建保障实践成果。以多层次组合方式创建团队，包括城乡规划认识实习与厦门大学校级重点社会实践相结合的实践团队、多方面参与的“数字乡建”团队等，帮助低年级学生迅速提升专业素质。(2)完备制定实习大纲。聚焦城乡聚落空间“原型”和历史文化“原生态”特征，分解为自然、社会、文化、技术等方面的小课题，以及落实到每个人的任务清单。(3)多途径全过程提升实操能力。将认识实习、课程思政与社会实践等多个教学环节捆绑在一起，综合培养实操能力。

四、教育部产学合作协同育人项目：“基于 BIM 技术多专业协同的新工科建筑师培养体系的研究与实践”

2018 年 10 月，李立新副教授负责的“基于 BIM 技术多专业协同的新工科建筑师培养体系的研究与实践”入选教育部产学合作协同育人项目。团队成员包括李立新副教授、饶金通高级工程师、宋代风副教授。项目的研究内容主要包括以下 5 个方面：(1)构建基于新工科建设背景的多专业协同 BIM 人才培养模式；(2)搭建专业协同的 BIM 人才培养组织机构、教学团队和教学平台；(3)建立专业协同的 BIM 人才培养综合能力监控评价体系；(4)教学方法创新及配套教学资源库共建；(5)促进信息技术与地域建筑、气候研究的结合。

五、福建省精品课程：“高层建筑结构设计”

2010 年，石建光教授负责的“高层建筑结构设计”课程入选福建省精品课程，主要成员包括石建光、张鹏程、郑翥鹏、刘丽君。

“高层建筑结构设计”是土木工程专业一门主干专业课，它以“高等数学”“理论力学”“材料力学”“结构力学”“有限元”“建筑材料”等课程为基础，又与“钢结构”“钢筋混凝土结构”“土力学与地基基础”“结构抗震”等专业课程密切关联。该课程不但为毕业设计提供必需的基础知识和设计方法，而且是对整个教学过程的综合训练、知识整合。“高层建筑结构设计”在整个课程体系中处于最终总结的核心地位。多年来，我们对“高层建筑结构设计”课程的教学内容、课程体系、教学方法、教学手段进行了一系列的实践。

(1)在学生中积极开展结构设计方案比较活动，使学生所学知识应用到实际工程中，调动了学生学习的积极性，加强了学生的结构设计素养，培养了学生的创新能力。

(2)通过网络传播教学内容，布置、核对作业，答疑，在此基础上，结合面授方式进行集中、系统的复习和巩固，开辟专栏进行教学讨论和答疑，通过网络实现教学沟通，学生可以不受时间和地点的限制，提高了教学质量。

(3)制作“高层建筑结构设计”课程多媒体教学课件；在网上公布教学课件，供学生学习和复习使用。

(4)建立“高层建筑结构设计实例”，有力地配合了课程的课堂教学，用于学生自己学习训练和体会实际工程做法。

(5)响应学校双语教学精神，2006 年开展“美国混凝土规范 ACI318 翻译”教学活动，通过国内外设计规范比较，实现学科的国际接轨，为学生提供面向世界的一个良好窗口。

(6)课程组老师除了从事正常的教学工作，还承担大量的科研任务和工程项目，将科研经历和实际工程经验融入教学，对培养学生的科学素质和创新精神，提高分析问题和解决问题的能力具有重要的意义，这也是本课程教学中的一个亮点。

(7)主要教师积极参加全国混凝土课程教学经验交流研讨会，掌握全国结构教学的动态。本课组教师不断总结实际教学经验，勇于开拓，大胆进行教学改革，不断完善适应新时期人才培养需要的教学模式。

“高层建筑结构设计”课程建设是一个系统工程，将“高层建筑结构设计”课程建设为面向能力培养、面向信息时代、面向一流水准、面向工程实践的课程是课程组教师追求的目标。

六、福建省精品课程:“结构力学”

2007 年,张建霖教授负责的“结构力学”入选福建省精品课程,参与课程建设人员有雷鹰、李少泉、王东东、张灿辉、张建国、雷家艳等。

“结构力学”是土木工程专业一门专业基础课,是土木工程学科重点建设课程之一,一方面它以“高等数学”“理论力学”“材料力学”等课程为基础,另一方面它又是“钢结构”“钢筋混凝土结构”“土力学与地基基础”“结构抗震”等专业课程的基础。

该课程不但为后续课程提供必需的基础知识和计算方法,而且在课程设计、毕业设计的过程中也要反复用到结构力学知识,结构力学在整个课程体系中处于承上启下的核心地位。

课程开展了系列教学改革,通过每年举办一届厦门大学“结构设计大赛”,进行结构力学综合训练,并邀请大陆兄弟院校和台湾地区部分大学参加,加强了对学生工程实践能力的培养,提高了学生计算能力;开设了“结构分析导论”双语教学课程,充实了“结构力学”课程中的结构矩阵分析和“弹性力学”课程中的用有限单元法解平面问题以及结构动力学的内容;开设“结构力学”精品课程网站,通过网络课程布置、核对作业,答疑,公布成绩,播放教学录像,开设讨论和答疑等学习栏目,并提供多媒体课件、习题训练和其他教学辅助资料,为学生的学习提供了有益的帮助;积极组织学生参加周培源全国力学竞赛,使学生主动参与到力学领域的活动中去;主要教师积极参加全国力学教学经验交流研讨会,掌握全国力学教学的动态,很好地促进了“结构力学”课程建设和实际教学改革;制作了“结构力学”课件和“结构力学习题库”等 CAI 软件,创造了很好的教学辅助条件。

七、福建省省级教改项目:“综合性大学大类招生土木工程专业课程体系改革研究”

2014 年,由王东东教授负责的“综合性大学大类招生土木工程专业课程体系改革研究”入选福建省省级教改项目。项目参加人员包括王东东、宋雨、张建霖、雷鹰、石建光、李少泉、胡红梅、张灿辉、陈周熠、周红、陈东霞、高婧、邓建勋。

根据培养优秀土木工程人才必需的基本训练为目标和厦门大学“厚基础、宽口径、强能力、广适应”的人才培养基本要求以及学生的知识结构、能力结构并考虑到学生的认识规律和教学规律，结合厦门大学综合学科优势和土木工程专业发展特点进行整体优化制定。

专业教学计划的核心是课程建设，本项目对教学内容和课程体系进行优化，注重引导学生充分利用综合大学的办学优势且突出土木工程专业的培养特色，结合自身条件和特点研究制订了适应综合性大学大类招生情况和新型教学计划，有效解决“宽口径”与“专业化”之间的关系，逐步形成“宽口径、厚基础、高素质、强能力、广适应”的办学特色，培养高层次研究应用型人才。

八、福建省省级教改项目：“面向土木建筑大类专业链集成的BIM知识体系与课程开发”

2015年，周红教授负责的“面向土木建筑大类专业链集成的BIM知识体系与课程开发”入选福建省本科高校教育教学改革研究项目。

项目研究开发的内容主要包括：(1)基于全寿命期的土木建筑学科BIM知识体系研究；(2)土木建筑学科全专业链BIM课程体系设计；(3)土木建筑学科全专业链BIM课程开发。

项目把握好BIM知识发现、BIM与各个土木建筑课程的结合点，进行了BIM教学体系设计并提出了BIM能力培养的3个梯级，并设计了专业课程的BIM课程设计任务书主要内容和模板，通过总结和回顾全国高校斯维尔杯BIM建模大赛的指导经验，设计了行之有效的BIM技术课程体系，并提出了详细的BIM综合毕业设计方案。

项目完成研究报告一份，签订国家级教材合同一份，指导BIM科创竞赛2次全国竞赛，1次Bentley全球竞赛，项目负责人作为主要成员参与建设省级BIM教学实验中心和厦大BIM工程技术中心，承接中国中铁建设投资公司2016年重大科技计划项目和2017年厦门市建设局科技计划项目各1项，指导2016年度省级大学生创新创业计划1项和2017年研究生短学期暑期实践项目2项。随着课题开展，深层次考虑到BIM教学落地的教学设施的改革，增加了BIM教学实验室设计。

九、福建省省级教改项目："数字化介入的研究生建筑设计课程教学改革"

2017年，张燕来副教授负责的"数字化介入的研究生建筑设计课程教学改革"入选福建省2017年本科高校教育教学改革研究项目。项目成员包括张燕来、李立新、王绍森、王伟、饶金通、邱鲤鲤等。

当前建筑数字化技术的迅速发展，尤其基于BIM的信息技术革命对建筑设计乃至建筑业的影响越来越大，数字化技术为建筑设计提供了一种全面提高设计质量、工作效率、经济效益的新思路和新方法。

在建筑学专业研究生教育阶段，数字化介入的建筑设计课程的教学目标是使学生在了解建筑数字技术尤其是BIM的最新发展动向的基础上，具备多维空间思维能力和研究能力，不仅掌握应用计算机辅助建筑方案构思和绘图的技能，还应直接介入相关建筑学研究。

项目面向建筑学专业研究生教育，以数字化设计为基点，以促进素质教育为主题，以提高人才培养为核心，丰富课程体系，改革教学方法与手段，推进教学平台建设，将教学、研究与设计实践相结合，促进高等教育与科技、经济、社会紧密结合。

十、福建省省级教改项目："综合性大学工程教育专业认证的探索与实践"

2018年，王东东教授负责的"综合性大学工程教育专业认证的探索与实践"项目入选福建省省级教改项目，参加人员包括王东东、高婧、杨建波、李少泉、张建国、吴新烨、陈东霞、熊剑龙等。

项目的主要任务是深入理解和阐述工程教育认证的内涵，剖析各主要环节的内容和实质，以项目组主要成员所在的土木工程专业为依托，按照《华盛顿协议》对工程教育专业认证的要求，紧密围绕"学生中心、目标导向、持续改进"三大理念，针对综合性大学各工科专业的特色及特点，系统地研究学生教育、培养目标、毕业要求、持续改进、课程体系、师资力量以及支持条件7个方面的具体举措，构建既符合工程教育认证要求，又着实提高工程教育质量的综合性大学工科专业培养体系。

本项目的主要改革举措是充分利用综合性大学的特色及优势，整合学校、学院、实验室、图书馆等资源，充分发挥讲授教师、实验教师、教辅人员、辅导员、校外导师、行业专家等人员的作用，形成以学生为中心、目标为导向的持续改进机制，促使人才培养质量的持续提升。

十一、福建省省级教改项目："专业学位硕士校企联合培养模式的探索与实践"

2018 年，助理教授雷家艳负责的"专业学位硕士校企联合培养模式的探索与实践"项目入选福建省省级教改项目，项目成员包括雷家艳、古泉、高婧、宋雨、刘涛等。

2018 年，国务院学位委员会决定将原来的"土木工程"硕士专业学位调整为"土木水利"硕士专业学位，要求工程类硕士专业学位研究生应开展专业实践，如何合理地设置"专业实践"环节的相应内容以及提出有效的实施方式成为工程类硕士专业学位研究生培养方案调整的工作重点。

校企联合培养是提高工程类硕士专业学位研究生培养质量的有效方式，如何开展校企联合培养，充分调动企业积极性，吸收企业优质教育资源参与研究生教育体系，发挥企业在人才培养中的重要作用，推动产学结合、协同育人，提高校企联合培养质量是本项目探索及改革的核心任务。

项目改革举措主要包括：细化专业实践的学分设置，探索校企联合培养方式对专业实践培养环节的可实施性和有效性，明确专业实践考核标准。项目的创新点和难点在于如何确定校企联合培养方式下专业实践环节的主要内容，如何有效开展专业实践各环节的活动，如何调动企业在联合培养中的积极性，如何评价校企联合培养方式的成效等。

十二、福建省省级虚拟仿真实验教学项目："空间分析与行为视角下建筑设计虚拟仿真实验教学项目"

2019 年，李渊教授负责的"空间分析与行为视角下建筑设计虚拟仿真实验教学项目"入选福建省省级虚拟仿真实验教学项目，项目成员包括李渊、王绍森、李立新、张燕来、饶金通、林育欣、李芝也、孙明宇、王伟、邱鲤鲤等。

当前，以数字技术为主导的技术革命如火如荼地进行，带来建筑产业的转型升级，建筑教育相应引入数字化、智能化新内容，虚拟仿真实验便是其中之一。目前建筑类虚拟仿真实验涉及建筑功能与设计、历史建筑认知与保护、城市环境模拟与规划方面，呼应以建筑功能和空间设计为主线的国内建筑学教学体系，而对环境行为、环境心理方面关注不足。

在此背景下，运用虚拟仿真技术，探索环境心理学虚拟仿真实验的设计与教学实践，对未来虚拟仿真实验在建筑专业教学中构建关联性课程生态、推进专业课的思政建设方面提出建议，以期对建筑学及相关专业的虚拟仿真实验项目建设提供思路和经验参考。项目依托建筑学"环境心理学"课程，以鼓浪屿八卦楼为例，开展建筑空间与行为分析仿真实验。

第四节　教学成果奖(国家级、省级)

一、福建省第七届高等教育教学成果二等奖："可持续建筑设计创新教学"

2014 年，"可持续建筑设计创新教学"项目获得福建省第七届高等教育教学成果二等奖。该项目主要完成人为王绍森教授、李立新副教授、张燕来助理教授。

"可持续建筑设计创新教学"是建筑系 2010 年以来在建筑学专业本科教学中推行的一种观念较为先进、教学内容价值高、教学方法先进、执行性较强的课程建设与教学改革。该教学改革的动因首先建立在对建筑学教学的 3 个带有自审特点的"如何"问题上：如何在传统的建筑设计教学中体现"可持续发展"的环境观念及科学发展观念？如何让建筑设计教学紧密结合城市发展的建设实践？在国际化交流日趋频繁的今天，如何既开拓国际化视野，又立足于本土化的城市建筑问题开展研究与实践？

该模式将五年制的本科教学设定为3个循序渐进的教学平台：

基础平台：以一、二年级为主的基础平台，主要教授建筑设计的基本原理以及基本表达方式，授课方式以“手把手”辅导为主；教学方式以学生有一定自主选择权的“菜单式”为主，即学生在一定范围内可以自己选择设计题目。

专业平台：以三、四年级为一个整体的专业平台，主要启发学生的自主设计兴趣和能力，引导学生观察建筑现象、发现建筑问题进而提出解决问题的设计方案，授课方式以“互动式”评图为主，教学过程中重视对建筑技术的学习及应用；教学方式采用设计专题方式，及教师自主结合分成若干指导小组，学生自主选择设计专题。

提高平台：五年级作为提高平台，鼓励学生参加各种国内外设计竞赛，提高学生综合解决建筑问题的能力，同时增强对整个建筑行业的了解，开展与国内外建筑院校的合作设计教学。教学方式注重“自主性”与“启发式”。

该模式在设计课题的具体制定和选择中，从虚和实两个方面同时展开创新性教学，在整个教学过程中，始终坚持开放式教学和研究式教学相结合的原则。该成果在当前国内建筑院系改革的大背景下坚持以“地域性”作为教学核心这一特点在几次专业评估汇报中也得到了国内建筑教育专家的肯定。

二、福建省2018年高等教育省级教学成果奖二等奖：“知行合一理念下的乡村营建教学创新改革”

2018年，“知行合一理念下的乡村营建教学创新改革”项目荣获福建省2018年高等教育省级教学成果奖二等奖，成员包括王绍森、王量量、韩洁、李苏豫、杨哲、谢火木、黄宇霞、王慧等。

项目从教学、实践、科研、国际交流合作4个环节同步入手，创新设立纵向贯通、横向联合的本科生乡村营建教学改革体系。教学改革成果显著：

(1)学科竞赛成果显著，凝练“知行合一”教学理念与教学创新。荣获国际级竞赛奖励10项、国家级22项、省部级14项，涉及内容广泛，包括设计类、论文类、优秀作业类、优秀教案类、优秀学生团队及指导教师等全面考核教学质量的重大赛事。

(2)人才培养方面,教学改革涉及建筑学及城市规划专业本科生共计 5 届毕业生、80 名同学参与该教改项目。先后有多名优秀毕业生被国内外高校录取攻读硕士研究生、1 名学生被厦门大学录取直博研究生。

(3)科研与交流成果方面,主办台湾"TEAM20 两岸及建筑与规划新人奖"优秀作品巡展;王绍森教授出席主持 2016 年"中日韩"注册建筑师交流会,并做"相见、乡建、想建、乡间的思考"主题报告;主要完成人韩洁、王量量 2 位老师和高雅丽、黄文灿 2 位同学,参加日本仙台第 11 届亚洲建筑大会并宣读论文2 篇,获得"学术论文"奖 1 项;韩洁老师收到英国纽卡斯尔孔子学院的邀请,于 2017 年 12 月在"Risk to Life, Heritage, and Community on The Yangtze River"国际会议上做主题发言。

(4)实践教学成果方面,教学组建立了 3 个校级乡村社会实践基地,包括厦门大学-厦门海沧院前社教育实践基地、福建长汀丁屋岭实践教学基地、福建晋江福林村实践教学基地,1 个院级乡村教学基地,1 项校级创新平台,并且以此作为乡村营建教学的平台,为师生提供发挥个人专长的舞台,促进高校乡村的共建,振兴福建乡村。目前,已有 2 项学生成果转化为真实的乡村建设项目,由学生主导设计完成。

第五节　特色专业与创新试验区(国家级、省级)

2009 年 5 月,凌世德教授主持的"建筑学创新人才培养实验区"项目入选 2008 年度福建省本科教育人才培养模式创新实验区项目。

建筑学经过近 20 年的探索与整合,在传承协助办学的东南大学建筑学科传统的基础上,逐步形成自己的办学理念。第一,坚持以综合能力培养为目标,坚持务本求实、重视基础和强化动手能力的培养;第二,坚持教学、科研和工程设计实践的紧密结合,强化基础理论教育和发现问题、分析问题、解决问题的工程设计研究、管理和设计实践能力培养相结合;第三,坚持学科交叉与渗透,扩展办学和教学知识面的新领域；第四，立足于亚热带气候区域和滨海地区建筑技术与方法的特殊性，以鲜明的地域特色推进我系教育的特色化、国际化；第五，适应社会对人才多样性的需求，坚持“以人为本”的原则，鼓励并创造教育条件培养学科领域内多方向适应性的高素质人才。

“宽口径、厚基础、高素质、强能力、广适应”始终是我们不懈追求的办学指导思想，即注重基础理论和综合素质培养，重视学生发现、分析和解决建筑相关问题能力的过程培养，以开放的思维方式和动手能力的培养为先导，着力培养学生的创新能力和自我学习、提高的后续能力。

教学特色：根据办学思想和培养目标制订的教学计划，在保证基本培养要求的前提下，注重强化特色。

一是模块化。5 年的教学过程由基础、技术、理论、能力、交叉 5 个模块组成，各模块间相互关联、相互渗透、相互衔接、循序渐进、突出重点、整体发展推进，且每一模块有其自身明确的目标。

二是开放性。教学计划的特色即在每一模块的教学过程中，始终贯穿着突出设计主线，并围绕主干课学以致用，理论与实践并重，精、宽、新结合以建立自己的课程体系。

三是多元化。教学计划在教学环节上，注重理论教学与实践环节相结合，专业教学与人文素质培养相结合，多学科相互渗透、相互交叉，开发学生的创造性思维能力并强调综合能力的培养。

四是实践性。教学计划在课程与内容上强调与社会实践相结合，注重追踪现代科学与理论的发展趋势，紧密联系社会，通过组织学生参加国内外建筑设计竞赛、投标，参与工程设计和开展与专业相关的社会实践活动等，提高学生认识问题、分析问题和解决问题的能力，教学内容丰富。

五是多方向性。结合本学科的专业特点及培养目标，设置 2 个专业方向，2 个专业方向可相互渗透，课程组合多样化，由 2 个方向可衍生出多个综合交叉方向，增加学生选课的自主性，让学生具有多方向发展可能性，满足就业、升学的不同需要。

六是前沿性。根据目前建筑学专业发展动态，增设一批涉及人文、社会科学、自然科学等前沿领域内的短、精、新并具有选择性和创新性的课程，增加学生选课的自由度，力图拓宽学生的专业视野和知识面。另外，增设“专业发展论坛”

这门柔性课程，作为本系的特色课程，以论坛的形式作为一个平台，利用短学期聘请外校建筑专家来校讲学，主要结合各年级的特点介绍本专业领域学科最新发展动态及方向，旨在培养学生多层次知识结构和观察问题的敏锐度，了解当代建筑设计及建筑理论的发展和变化以及各专家在各自领域里的最新成果。

第六节　教学团队(国家级、省级教学团队)

一、土木工程力学教学团队（福建省高校省级教学团队）

2010 年 4 月，张建霖教授负责的土木工程力学教学团队荣获 2010 年度福建省高校省级教学团队，团队成员包括雷鹰、王东东、张灿辉、张建国。这 5 位教师分别承担着厦门大学土木工程专业本科生的“理论力学”“材料力学”“结构力学”“流体力学”“数值分析”“弹性力学”和“有限单元法”7 门专业基础课程。这些课程均是土木工程专业学生的必修课程，是学生学习“钢筋混凝土结构原理”“钢结构原理”“建筑结构抗震”“土力学与地基基础”“桥梁工程”等课程的理论基础。

团队成员均为近 10 年陆续从国内外各高校引进的博士，经过几年的磨合，团队成员克服了学生人数多、教学任务繁重、作业批改量大等困难，在取得良好的科研业绩的同时，不断深化教学改革，努力提高教学质量，在土木工程“力学”课程的教学上取得了良好的成绩，得到了学生和校内外同行的一致好评。

团队成员均具有良好的土木工程学科背景，在各门课程的课堂讲授、作业布置等方面紧密联系土木工程专业，选取案例教学时，围绕土木工程专业知识点展开，在每学期的课程教学过程中，布置力学在土木工程中应用的综合作业，着实提高学生运用力学知识解决复杂工程问题的能力；合理调整课程体系及课程开课时间，在保证学生充分掌握“理论力学”“材料力学”“结构力学”和“流体力学”4 门课程知识点的基础上，在“数值分析”、“弹性力学”和“有限单元法”等课程中充分挖掘和发挥学生的潜力，让学有余力的学生接触力学学科的科研前沿，培养高层次人才；大力改进教学方法，制作高质量的教学课件和讲义，建设结构力学、理论力学习题库，创建并获批福建省“结构力学精品课程”；积极组织和指导土木工程专业学生参加全国周培源大学生力学竞赛、中南地区土木工程专业结构力学竞赛、全国大学生结构设计竞赛等多项赛事，多次取得省特等奖、一等奖和全国一等奖、二等奖等好成绩。

二、土木工程数值仿真团队（福建省硕士生导师团队）

2018 年 12 月，土木工程数值仿真硕士生导师团队入选福建省省级硕士生导师团队。该团队包括 8 名硕士生导师（2 名为博士生导师），其中包括国家优秀青年科学基金获得者 1 名、教育部高等学校新世纪优秀人才 1 名、福建省杰出青年科学基金获得者 1 名、福建省科技创新领军人才 1 名、福建省高等学校新世纪优秀人才 2 名，教授 3 名、副教授 4 名。

该团队依托福建省数学建模与高性能科学计算重点实验室和厦门市交通基础设施智能管养工程技术中心研究中心，主要研究领域包括土木工程灾变数值仿真与防护理论和方法、结构在腐蚀和疲劳作用下的可靠度和耐久性分析等。

主要特色为土木工程灾变模拟的高效无网格法、等几何分析方法、有限元 OpenSees 数值仿真方法、建筑信息技术、基于影响线理论的实用灾害监测、评估与防护技术等。该团队近 5 年主持了包括国家优秀青年科学基金在内的 10 余项国家级科研项目。

土木工程数值仿真硕士生导师团队在结构静动力数值仿真的高效无网格法、基于 OpenSees 的数值仿真方法等方面取得了国内外同行认可的成果，发表论文 80 余篇，其中包括 *Computer Methods in Applied Mechanics and Engineering*、*Computational Mechanics*、*ASCE Journal of Structural Engineering*、*ASCE Journal of Bridge Engineering* 等土木工程数值仿真领域顶级期刊发表 SCI 收录论文 40 余篇。团队成员先后获得国家优秀青年科学基金（2012）、钱令希计算力学青年奖（2012）、国际华人计算力学学会 Fellow 奖（2013）、福建省杰出青年科学基金（2014）、国际华人计算力学学会计算力学奖（2016）、厦门市优秀教师（2016）、福建省科技创新领军人才（2018）、国际华人计算力学学会 ICACM 奖（2018）等。此外，近 5 年团队成员组织 3 次全国性学术会议。

该团队在培养研究生的过程中，在满足厦门大学相关培养要求之外的主要做法有：为了拓展研究生的视野，定期邀请国内外知名学者、专家为研究生开设课程和讲座，讲授国内外学术前沿研究内容。要求学生在学期间至少参加 20 场次学术讲座或学术报告，并要进行工地实习或其他土木工程领域内的调研工作，时间至少 1 个月。导师团队及各导师必须根据自己的科研项目，要求研究生积极参与科研实践环节。导师团队为每名研究生每年提供至少 2000 元的培养经费，为研究生开展科研和实践活动提供必要的经费支持。学术型研究生要求在校期间至少公开发表学术论文 1 篇。鼓励研究生在学期间至少参加 1 次学术会议，并在学术会议上做报告 1 次。此外，通过学位论文双向匿名评审等措施（匿名评审比例达 80%），持续保障研究生的学位论文质量。

三、城市与建筑文化遗产数字化保护及应用团队（福建省专业学位研究生导师团队）

2019 年 10 月，城市与建筑文化遗产数字化保护及应用团队入选福建省专业学位研究生导师团队。本团队立足厦门大学建筑系，依托福建省智慧城市感知与计算重点实验室、福建省 BIM 虚拟仿真实验教学中心、厦门大学“双一流”重点建设学科等学科平台，团队专业结构合理，专业背景涵盖建筑设计及其理论、建筑历史与理论、建筑技术、城市设计等学科。

导师以合作方式凝练学科方向，逐步形成以建筑设计理论为主的多学科交叉的科研团队，团队教师年龄呈梯级分布，结构合理。在学科建设方面，团队提出了“跨学科、重实践、国际化”的指导思想，学科强调“职业性、前沿性、地域性”的核心理念，以国家重大科技需求和地方特色为导向，加强科研能力，通过国际交流，追踪国际学科发展前沿，服务区域经济与重大工程。在此基础上，发挥厦门大学人文社科学科优势，关注闽南地域文化，将亚热带气候城市与建筑节能作为教学与研究基点，形成独特的研究生建筑教育体系。

科研创新：团队依托厦门大学人文优势学科和信息优势学科，具备人文交叉和数字技术实验环境优势。学科建设依托厦门大学“双一流”学科群二级项目：“绿色建筑与节能”和“建筑文化传统与传承”，在文化遗产与城市建设、建筑环境监测及防护、绿色建筑与生态技术、地域建筑与乡村营建、建筑遗产保护等特色学科方向进行重点人才的培养。依托已获批教育部新工科立项“基于数字技术的建筑学教学改革”，具有较好的学科创新实验环境优势。

专业实践：团队依托厦门大学建筑设计研究院（建设设计甲级资质、文物保护修缮丙级资质），具备实践平台实验环境优势。依托“空间信息技术在文化遗产保护中的应用研究国家文物局重点科研基地（清华大学）厦门工作站（厦门大学）”，具备行业对接的实验环境优势。依托“厦门大学鼓浪屿文化遗产保护校外实践教育基地”“厦门大学土楼文化遗产保护校外实践教育基地”等基地，具有较好的实践平台创新环境。

重要成果：5 年内师生共同完成国家级科研项目 7 项，省部级科研项目 10 项，获得专利 2 项，获得省部级以上奖项 23 余项，软件著作 4 份。

团队面向建筑学专业本科生教育，以新工科理念为基点，以促进素质教育为主题，以提高人才培养为核心，丰富课程体系，改革教学方法与手段，推进教学平台建设，将教学、研究与设计实践相结合，促进高等教育与科技、经济、社会紧密结合。从学科发展特点出发，提出“一轴两翼”的建筑专业创新综合型人才培养新体系，以建筑设计相关研究为教育主轴，技术翼主要涵盖 BIM＋、参数化、绿色建筑等以技术为支撑的课程，人文翼主要涵盖文化、地理、气候等以人文为支撑的课程，从过去单一建筑师培养目标提升到“双一流”学科建设环节中的多元创新综合型人才培养目标，充分结合学科特色，提出以“职业性、前沿性、地域性”为核心理念的建筑人才培养体系。

团队主要研究方向包括 4 个方面：

（1）基于数字技术的文化遗产信息采集与人地关系研究：利用激光雷达、无人机等手段，开展文化遗产地的信息采集与数字化建模，基于 GIS 和计量模型开展遗产地环境与人的空间行为作用机理研究，建立数字的遗产地“地图空间足迹空间—感知空间”的地理信息库。

（2）基于数字技术的文化遗产建筑保护与环境设计研究：依托虚拟现实、眼动、脑电等手段，在 HBIM（遗产建筑信息模型）理念引导下，开展文化遗产建筑与环境的虚拟漫游、文化景观要素的虚拟表达、建筑的多方案沉浸式比较，实现遗产建筑与环境的融合发展与有机更新。

（3）基于数字技术的文化遗产乡村营造与社区振兴研究：依托“互联网＋”理念和传媒技术，开展文化遗产乡村的资源开发、传播、产业整合，提升乡村活力、改善基础设施、优化景观环境、提升产业结构、增强社区自治能力、促进社会资本的融入,系统性地支撑遗产地乡村营造与社区振兴。

(4)基于数字技术的文化遗产绿色节能与材料修复研究:依托环境模拟、材料检测、能耗模拟等手段,开展文化遗产地的节能生态、居住舒适性、通风热岛、景观视觉等研究,同时围绕遗产本体的结构安全、建筑加固、材料更替等需求,开展数字模拟分析和修缮方案的综合评估。

四、土木工程基础设施智能建设与管养专业学位研究生导师团队(福建省专业学位研究生导师团队)

2019 年 10 月,土木工程基础设施智能建设与管养团队入选福建省专业学位研究生导师团队。团队以解决土木工程基础设施管养智能化所面临的关键问题为出发点,将传统建设和管养技术与最新的基于性能的设计与建设、高性能计算与数值仿真、基于现代信息技术的智能管养结合起来,旨在建立政、产、学、研、用一体化的研究体系,促进领域内多学科和跨界合作,结合工程实际开展理论与方法创新,致力于将高校最新的研究成果向企业转换。

本团队以满足职业发展对高层次应用型人才需求为核心,构建了一支适合专业硕士教育中创新创业人才培养需要兼具“理论—实践—就业”指导能力的导师团队。团队包括 10 名硕士生导师(3 名为博士生导师),其中包括国家优秀青年科学基金获得者 1 名、教育部高等学校新世纪优秀人才 1 名、福建省杰出青年科学基金获得者 1 名、福建省科技创新领军人才 1 名、福建省高等学校新世纪优秀人才 2 名、福建省教学名师 1 名,教授 3 名、副教授 5 名、教授级高工 2 名。该团队负责人为福建省数学建模与高性能科学计算重点实验室核心成员,对学术界知名的非线性有限元 OpenSees 具有多年深入研发和应用经验,与哈尔滨工业大学欧进萍院士团队共同提出的数值子结构方法在解决大型复杂的非线性工程问题方面取得重要突破,主持过与此方法相关的重大国际合作子课题和国家重点研发子课题。

该团队依托福建省数学建模与高性能科学计算重点实验室和厦门市交通基础设施智能管养工程技术中心研究中心,主要研究领域包括基于有限元 OpenSees 与无网格方法的高性能计算与智能化数值仿真、土木工程重大结构的灾变模拟和防护、基于影响线理论的实用灾害监测、桥梁结构智能建设与管养等。该团队近 5 年主持了包括国家优秀青年科学基金、国家重点研发计划在内的 10 余项国家级科研项目，取得了国内外同行认可的成果，发表论文 80 余篇，其中包括 *Computer Methods in Applied Mechanics and Engineering*、*Soil Dynamics and Earthquake Engineering*、*ASCE Journal of Structural Engineering*、*ASCE Journal of Bridge Engineering* 等土木工程领域顶级期刊发表 SCI 收录论文 40 余篇。团队成员先后获得国家优秀青年科学基金(2012)、钱令希计算力学青年奖(2012)、国际华人计算力学学会 Fellow 奖(2013)、福建省杰出青年科学基金(2014)、国际华人计算力学学会计算力学奖(2016)、厦门市优秀教师(2016)、福建省科技创新领军人才(2018)、国际华人计算力学学会 ICACM 奖(2018)等。此外，近 5 年团队成员组织 3 次全国性学术会议。

在满足厦门大学相关培养要求之外的主要做法有：为了拓展研究生的视野，定期邀请国内外知名学者、专家为研究生开设课程和讲座，讲授国内外学术前沿研究内容。指导的学生在学期间至少参加 20 场次学术讲座或学术报告，并进行工地实习或其他土木工程领域内的调研工作，时间至少 6 个月。导师团队及各导师根据自己的科研项目，要求其研究生积极参与科研实践环节。导师团队为每名研究生每年提供至少 2000 元的培养经费，为研究生开展与基础设施智能建设与管养相关的科研和实践活动提供经费支持。鼓励研究生在学期间至少参加 1 次学术会议，并在学术会议上做报告 1 次。此外，通过学位论文双向匿名评审等措施(匿名评审比例达 80%)，持续保障研究生的学位论文质量。

第七节　教材建设(国家级教材)

2017 年 9 月，经机械工业出版社申报，由学院周红教授主编的《建设工程管理信息技术》被国家新闻出版广电总局评为"'十三五'国家重点出版物出版规划项目"，子项目名称为"面向可持续发展的土建类工程教育丛书"，该教材为福建省教育厅中青年教师教育科研社科类(2015 年福建省本科高校教育教学改革研究项目)"面向土木建筑大类专业链集成的 BIM 知识体系与课程开发"(JAS151231)的成果，同时也是厦门大学本科教材资助项目。

第八节 人才培养基地

学院拥有建筑学研究生教育创新基地。该基地 2013 年入选福建省研究生教育创新基地培育项目。基地由建筑系负责组织、厦门合道工程设计集团有限公司协调管理方式进行，即我院全权负责研究生的培养计划与主要教学内容的安排，厦门合道工程设计集团有限公司主要负责研究生的实践研究工作与后期论文的参与指导，双方分工合作。

联合指导教师队伍由厦门大学建筑系硕士生导师(13 名)与厦门合道工程设计集团有限公司兼职导师(10 名)组成。经费来源主要为 3 部分，一部分来自学校的教学经费，一部分来自教师科研工作创收，还有一部分来自与厦门合道工程设计集团有限公司联合研究项目，主要投入改善研究生工作条件(设备)、增加图书资料、资助研究生参加学术会议等。合作科研项目可分为基础性研究项目与实践性研究项目，基础性研究项目为长远发展所需解决的科研课题，实践性项目为针对具体工程所进行的设计研究。

条件建设方面，学校负责在校内学习期间研究生的学习工作场所与设备，在厦门合道工程设计集团有限公司工作期间，既可利用学校的条件进行科研工作，也可利用厦门合道工程设计集团有限公司提供的工作环境开展工作。

资源共享方面，一是合作双方的图书资源可以对研究生开放，二是厦门合道工程设计集团有限公司在工程实践中已取得的科研成果可以为研究生学习提供参照，并进一步补充完善。

主要特色是将研究生的培养从纯学术型过渡到理论与实际设计能力并重的模式，从完全由学校培养模式转变为学校与社会资源共同培养，定期聘任厦门合道工程设计集团有限公司 10 位左右设计能力强、经验丰富的高工为建筑系研究生兼职导师；每年聘请兼职导师为建筑系研究生开设 10 次左右讲座，建筑系研究生学习期间应在厦门合道工程设计集团有限公司进行研究或设计工作时间不少于 3 个月；研究生毕业论文选题可与厦门合道工程设计集团有限公司的工作相结合，并进行联合指导，研究生毕业答辩聘请厦门合道工程设计集团有限公司建筑师为答辩委员。

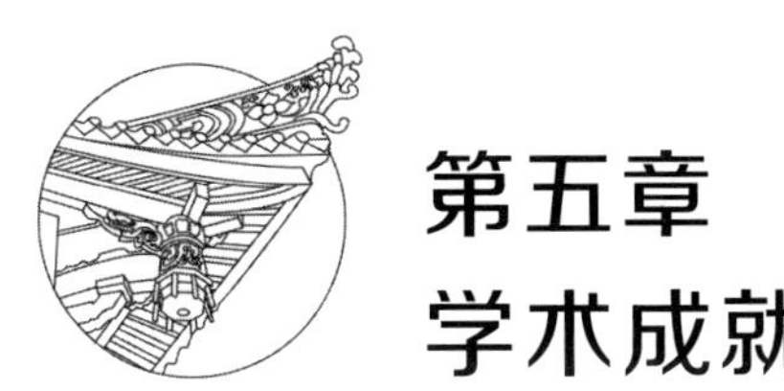

第五章
学术成就

20 世纪 20 年代，土木工程系短暂办学，田渊添教授担任工程学系主任，讲授“应用力学”“土木工程学”等课程，并采用国文编撰教材，以便让国人不必依靠国外书籍而获得知识。

1937 年，校长萨本栋创办土木工程系，土木工程系引进了一批名师，在开展教学活动的同时，积极开展科研活动，服务国家和社会。校长兼土木工程系主任萨本栋以身作则，自编教材《普通物理学》（上、下册）。另外，《微积分》《交流电路》《大学物理》《交流电机》等，为兄弟院校广泛采用。1938 年，俞浩鸣副教授开展了为期 2 年的研究项目“改良长汀县容”，对长汀旧城进行城市设计，以改善市容市貌，改善交通状况。徐世大教授是全国著名的水利专家，曾在《河海月刊》《华北水利月刊》《水利》等发表多篇学术论文，曾任中国水利工程学会下设出版委员会主任，主持《水利特刊》编辑出版工作，入选《浙江省水利志》《钱塘江志》《台湾水利人物志》等。

1987 年，学校创办建筑系后，建筑系及后来的建筑与土木工程学院教师积极开展科学研究和社会服务，积极组织申报国家、省、市课题，依托厦门大学建筑设计研究院、厦门大学城乡规划设计研究院有限公司等开展科学研究与工程实践活动，在“建筑设计”“文化遗产保护”“生态建筑节能研究”“结构抗震与防震减灾研究”“工程结构智能监测研究”“岩土与地下工程研究”“海峡两岸城市规划研究”等方面形成了自己的特色。

30 多年来，学院承担各类科研课题 500 余项，其中包括国家“863”课题5 项，国家基金 58 项，中外合作项目 2 项，省部级项目 52 项。已出版专著 80 多部，发表学术论文 1500 多篇，其中 SCI、EI、ISTP 收录 400 多篇，获得省部级以上科研成果奖 80 多项。其中获得国家自然科学二等奖1 项，国家优秀建筑设计铜奖 1 项，中国高校科技进步奖 2 项，建设部优秀建筑设计二等奖 1 项、三等奖3 项，教育部优秀建筑设计奖二等奖 3 项、三等奖 6 项，教育部优秀建筑结构二等奖 1 项，文化部（现为文化和旅游部）优秀成果奖 2 项，中华优秀出版物图书奖2 项，福建省科技进步奖、福建省优秀建筑设计奖、福建省优秀创作奖等其他奖项 60 多项。

第六章 服务“美丽厦大”

厦门大学被誉为“中国最美大学”，是一所有众多建筑精品的大学，是一所有丰富建筑文化的大学。以群贤楼群、建南楼群、芙蓉楼群及博学楼为主体的厦门大学“嘉庚建筑”更是入选了“全国重点文物保护单位”和“首批中国 20 世纪建筑遗产”名录。

“陈嘉庚以他的乡情国思和审美趣味强烈地影响着校园的建筑，规划布局采用‘一’字形或半月形围合式方案，独创新意。他设计与兴建的校园建筑，始终注重闽南屋顶与西式屋身的巧妙结合，形成中西糅合的独特新奇的建筑形态，彰显其独树一帜的风采。”①在中国“近代建筑史上有其不可磨灭的地位”，成为“最具世界经典的建筑之一”。②

厦大有很多中西合璧的经典“嘉庚建筑”，如群贤楼群、建南楼群、嘉庚楼群等，这些楼群均采用“一主四从”的组团结构，主楼以中式风格为主，从楼以西式风格为主。这些建筑既有传统的闽南红砖民居特征，又有明显的西洋风格特点。这些建筑“穿西装，戴斗笠”，把中国式的屋顶盖在西洋式的建筑上，气势灵动雄伟，大气磅礴。在屋脊处理上，主厝使用燕尾脊，护厝使用马鞍脊，两者交相辉映，充分展示出闽南红砖民居的曲线美、形体美，秀美灵动，雅丽稳重，在建筑主体、立面、柱子等地方使用彩色花岗石做出砖入石，镶成图案，色彩艳丽，美观大方，个性突出，把中国的建筑文化与西方建筑文化巧妙地融合在一起，展示其和而不同的神韵。“这种中式占主导地位，西式从属相辅的建筑风格，体现了陈嘉庚对历史传统文化和民族精神的崇尚。”③

习近平总书记明确指出：“优秀传统文化可以说是中华民族永远不能离别的

---

① 庄景辉.厦门大学嘉庚建筑[M].厦门：厦门大学出版社，2011：2.

② 庄景辉.厦门大学嘉庚建筑[M].厦门：厦门大学出版社，2011：15.

③ 庄景辉.厦门大学嘉庚建筑[M].厦门：厦门大学出版社，2011：8.

精神家园。”[①]“嘉庚建筑”是厦大人的精神家园，如何传承“嘉庚建筑”理念，发扬“嘉庚建筑”风格，在传统中有所创新，在创新中有所传承，是建筑与土木工程学院师生义不容辞的责任。

学院发挥学科优势，积极参与校园建设，承担了大量的校园建设任务，为建设“美丽厦大”，弘扬“嘉庚建筑”，传承优秀中华文化做出了积极贡献。

20世纪40年代中期，学校回迁厦门，土木工程系1937级校友、教师方虞田担任学校工程设计室主任，负责校舍的修整工作，按照“须大加修理者”（博学楼、映雪楼等）、“须稍加修葺添补门窗者”（群贤楼、集美楼、同安楼、囊萤楼等）、“全部毁坏者”（白城教工住宅等）、“新建筑工程”（敬贤楼、工学馆等）等几大类进行修整和建设。

在陈嘉庚亲自主持下，厦门大学自1950年11月至1955年5月修建了建南楼群、芙蓉楼群、国光楼群、丰庭楼群、成伟楼、丰庭餐厅、竞丰膳厅等，土木工程系1943级校友、教师洪敦枢于1952年至1958年任厦大修建部主任，参与了大量建设工作。建南楼群依山面海排列为半月状，借山势建筑了长1000多米的三段式间歇平台，三面环绕楼前的乌空圆辟为一个可容纳20000观众的椭圆形大运动场，主楼高低错落有致，前后进退相宜，4根精雕细琢的巨大西式石柱，上下收分有度，线条层次多变，挺拔而壮观，“实为目前国内大学未有的建筑物”[②]，成为厦门大学的标志性建筑，“能让外国和本国的轮船一从东海进入厦门，就看到新建的厦门大学，看到新中国的新气象”[③]。

1987年学校创办建筑系后，建筑学、土木工程、城乡规划等学科相继得到建设和发展，部分教师到学校基建处担任领导职务，负责学校基建工作，徐文才老师于1998—2003年担任基建处处长，张建霖教授2011年至今担任基建处处长，张鹏程副教授于2009—2014年担任基建处副处长，郑翥鹏副教授2020年到基建处挂职副处长。

建筑与土木工程学院教师参与了大量的校园建设，部分作品荣获住建部优秀工程设计三等奖、建设部优秀勘察设计二等奖、教育部优秀建筑设计二等奖、教育部优秀城镇住宅及住宅小区设计二等奖、教育部优秀建筑结构二等奖、全国

---

① 井琪，崔宪涛.传承和弘扬中华优秀传统文化——学习习近平总书记系列重要讲话体会之九十[J].前线，2015(7)：43-46.

②③ 庄景辉.厦门大学嘉庚建筑[M].厦门：厦门大学出版社，2011：62.

优秀建筑设计铜奖、福建省优秀建筑工程设计一等奖、福建省建筑创作优秀奖等约 20 项奖项。

在思明校区，由学院教师设计的作品有嘉庚楼群、建筑系馆、科学艺术中心、自钦楼改扩建及三家村学生广场、艺术学院扩建，鲁迅广场及萨本栋墓园、法学院扩建，演武运动场地段更新改造，南大门、访客中心及演武运动场改造，经济学院扩建，白城校门及景观设计，化学化工学院配电房及磅房改造，勤业餐厅改扩建，南光三历史建筑保护与更新，海韵校区楼群、图书馆改扩建，西村教职工住宅、幼儿园改扩建，圣诺有色金属研究院、海韵园物理机电航空大楼、学生公寓新楼、校门浮雕、罗扬才烈士纪念碑等 20 多个项目，其中嘉庚楼群是学校标志性建筑，被评为厦门市十大建筑之一。

厦门大学嘉庚主楼群

嘉庚楼群

资料来源：王绍森.“新闽南”建筑实践：厦门大学建筑与土木工程学院教师优秀作品集(1987—2017)[M].厦门：厦门大学出版社，2018.

在漳州校区，由学院教师设计的作品有漳州校区主楼群、主校门、主楼及图书馆室内设计、后山景观改造及水上音乐台、大学生活动中心、运动中心风雨球场、学生食堂、商场等重要项目，漳州校区主楼群、主校门等是学校的标志性建筑。

漳州校区主楼群

资料来源：王绍森."新闽南"建筑实践：厦门大学建筑与土木工程学院教师优秀作品集(1987—2017)[M].厦门：厦门大学出版社，2018.

在翔安校区，由学院教师设计的作品有翔安校区学术交流中心、能源材料大楼实施方案、学生活动中心、体育馆、游泳馆、教工活动中心等重要项目。

厦门大学翔安校区学术交流中心

翔安校区学术交流中心

资料来源：王绍森."新闽南"建筑实践：厦门大学建筑与土木工程学院教师优秀作品集(1987—2017)[M].厦门：厦门大学出版社，2018.

2013 年 1 月 21 日，马来西亚政府正式邀请厦门大学到马来西亚创办分校，同年 9 月获中华人民共和国教育部批准建设。同年 10 月 4 日，在中国国家主席习近平和马来西亚首相拿督斯里纳吉共同见证下，中国国家开发银行、马来西亚新阳光集团、厦门大学签订了中国国家开发银行全面支持厦门大学马来西亚分校建设协议。厦门大学马来西亚分校是第一所中国名校全资设立的、具有独立校园的海外分校，也是第一所在马来西亚设立的中国大学分校，被誉为镶嵌在“一带一路”上的明珠。

学院教师积极参与厦门大学马来西亚分校的建设，由学院教师设计的作品有马来西亚分校规划、群贤楼群、芙蓉食堂及芙蓉公寓、学生活动中心、运动区规划及司令台设计、国际学术交流中心、凌云食堂及凌云公寓等重要项目。

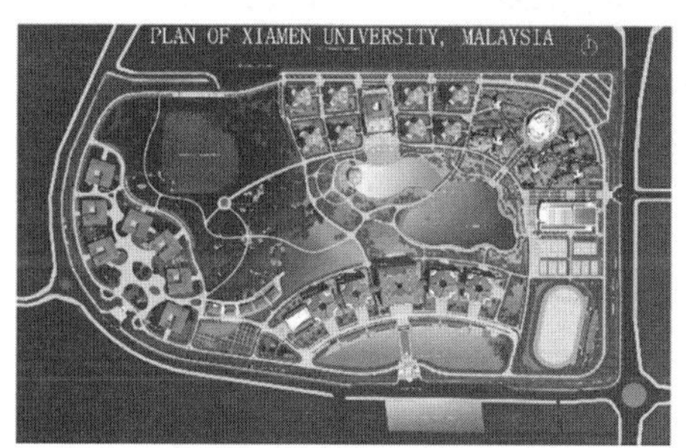

厦门大学马来西亚分校规划设计

马来西亚分校规划设计

资料来源：王绍森.“新闽南”建筑实践：厦门大学建筑与土木工程学院教师优秀作品集(1987—2017)[M].厦门：厦门大学出版社，2018.

除承担设计任务外，学院教师还参与了大量的文物保护建筑修缮工作，如洪敦枢教授参与了群贤楼的修缮设计方案论证等。

2001年和2006年，学校对群贤楼进行修缮，洪敦枢教授（右二）参加修缮设计方案论证会

资料来源：庄景辉.厦门大学嘉庚建筑[M].厦门：厦门大学出版社，2011：78.

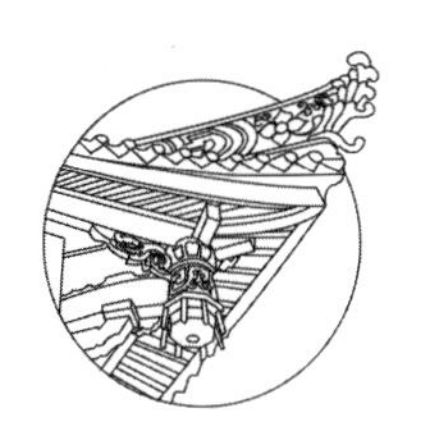

附录
院系、部门
大事记

1922 年 7 月，学校增设工学、新闻两学部，开始了工科办学历史。

1923 年 4 月，各学部改称为科，工学部改称为工科，胡嗣鸿副教授任工科筹备主任。

1924 年 6 月，工科并归到理科，下设工程学系，土木工程学教授田渊添任物理学系主任兼工程学系主任。同年秋季，田渊添兼任学校建筑部主任。

1926 年 1 月，学校将隶属于理科的工程学系“仍改为独立的科”，工科下设土木工程系、电气工程系、机械工程系。

1927 年 6 月，工科停办。

1937 年 7 月 30 日，增办土木工程系，隶属于理学院，萨本栋校长亲自兼任土木工程学系主任。

1937 年 12 月 24 日，土木工程系随全校一起迁往闽西长汀。

1938 年 1 月 17 日，顺利在长汀复课。

1940 年，刘晋桎担任土木工程系主任。同年 9 月，土木工程系所在的理学院改为理工学院。

1941 年，黄中教授担任土木工程系主任。

1946 年 6 月 1 日起，厦门大学校本部开始迁回厦门。

1946 年，李谦若教授担任土木工程系主任。

1946 年 8 月，黄中教授担任土木工程系主任。

1947 年 5 月，新建的工学馆落成。

1948 年 7 月，理工学院拆分为理学院和工学院，工学院下设土木工程、机械工程、电机工程、航空工程 4 个系。

1949 年 1 月 31 日，土木工程系原系主任、厦门大学原校长萨本栋在美国逝世。

1949 年 5 月,土木工程系提前毕业 26 人。

1949 年 10 月,厦门解放,土木工程系学子纪华盛、廖开治、林通富、茹民德亲身参与解放厦门的革命工作,作出突出贡献。

1949 年 12 月,理、工两学院 8 个系招收 1949 级新生 135 名,土木工程系主任继续由黄中教授担任。

1950 年 5 月,福建省公路局修建支前公路需大规模测量与施工,土木工程系二年级 9 名同学、三年级全体同学应征支援。

1950 年夏季应届毕业的同学,由中央教育部统一分配工作,土木工程系的全部学生被分配到东北工作。

1951 年,罗孝登教授担任土木工程系主任。

1951 年 3 月,学校奉命将理、工两个学院疏散到闽西山区。

1952 年,学校在土木工程系增设土木专修科(水利工程建筑专业),土木专修科主任由 1939 级校友曾国熙担任。

1952 年 2 月,厦门海防日益巩固,疏散到龙岩的理、工两学院师生迁回厦门。

1953 年 7 月,厦门大学奉命将土木工程系(工业与民用建筑专业)并入浙江大学、南京工学院(现东南大学),土木专修科(水利工程建筑专业)并入华东水利学院(现河海大学)。

1985 年年底,土木工程系 1947 届校友洪敦枢从福州大学调回厦大,参与负责筹办建筑系事宜。

1986 年 2 月,学校正式批准组成建筑系、建筑设计研究院筹备组,金坚、洪敦枢、孙和平为筹备组召集人。

1986 年 5 月,学校向国家教委申请设立建筑学专业。同时,学校与南京工学院(现东南大学)签订《关于南京工学院支援厦门大学筹办建筑系及联合筹办建筑设计研究院的协议书》。东南大学同意借调郭湖生教授来校任系主任,卢志昌副教授任副系主任,借期 3 年。

1986 年夏,学院开办了一年期的“建筑设计培训班”,招收 25 人。

1986 年 12 月,国家教委批准厦门大学设立建筑学专业。

1987 年 5 月,学校发文,成立建筑系和建筑设计研究院,郭湖生教授任建筑系主任,卢志昌副教授任建筑系副主任。

1987 年 7 月，校党委决定设立建筑系临时党支部，卢志昌任党支部书记。

1987 年 9 月，建筑系正式招生，首届招收 20 人。

1987 年 12 月，厦门大学建筑设计研究院获福建省建设委员会批准为乙级设计院，洪敦枢教授任建筑设计研究院代院长。

1990 年 2 月，学校任命沙镇平副教授为建筑系副主任。

1990 年 6 月，郭湖生、卢志昌借调期满返回东南大学。学校任命沙镇平副教授为建筑系主持工作的副主任。

1990 年 7 月，校党委决定成立厦门大学建筑系直属支部，陈和祥任书记。

1990 年 9 月，洪敦枢教授退休，由沙镇平副教授任建筑设计研究院副院长，主持设计院工作。

1991 年 4 月，70 周年校庆期间，校友们向学校建议复办工学院。

1992 年 4 月，学校任命黄仁为建筑系主任，建筑设计研究院院长。

1993 年，招收工业与民用建筑大专班，首届招收 38 人。1995 年，再招收一届 52 人。两届合计 90 人。

1993 年 6 月，学校任命罗林为建筑系副主任。

1994 年 5 月，经国家教委批准，建筑学专业由四年制改为五年制。5 月 12 日，国家教委与厦门市政府签订了《关于共同建设厦门大学工学院的意见》。5 月17 日，厦门大学工学院举行成立大会，国家教委副主任张孝文、专职委员陶遵谦，福建省教委副主任王豫生，厦门市副市长王榕，校领导叶品樵、林祖赓、郑冬斯、王豪杰、刘瑞堂、卞守耆出席会议。

1996 年，建筑系自筹 100 万，工学院筹资 60 万，学校筹资 40 万，海外教育学院校友捐款 200 万，校、院、系、校友筹资共建联兴楼，联兴楼由建筑系老师自行设计，并随后开工建设。

1997 年 8 月，联兴楼落成，共有 5000 平方米使用面积，建筑系占有 2500 平方米左右，其余为海外教育学院使用。同年，学校批准在建筑学专业设立结构工程专业方向。

1997 年，建筑系利用建筑设计院资质，参加学校嘉庚楼群的竞标且中标，取得了设计权，竣工后，被评为厦门市十大建筑之一。

1998 年，经国务院学位办批准，获得“建筑设计及其理论”专业硕士学位授权点。同年，建筑系开始申报恢复土木工程专业。

1998年2月，校党委批准建筑系成立党总支，陈和祥任书记，唐洪流为副书记。

1998年3月，学校任命凌世德为建筑系主任，王绍森、张建霖为建筑系副主任。

1998年4月6日，经国家建设部批准，建筑设计研究院获建筑甲级资质，教育部计划建设司司长、厦门市副市长赵克明向厦大建筑设计院授牌。同日，“联兴楼”举行竣工典礼，校党政领导、林联兴和夫人蔡凤英、胞妹林玉香出席典礼仪式，校长林祖赓和林联兴先生分别在仪式上致辞。

1999年2月16日，经教育部批准，同意我校筹建土木工程专业。

2000年1月20日，学院设计的我校迈向21世纪的标志性建筑“嘉庚楼群”主楼封顶仪式在楼前工地举行，校党委书记王豪杰，副校长朱之文，校友总会副理事长翁心桥和嘉庚主楼捐资者代表吴伯僖、纪华盛(土木工程系校友)、欧阳千和福建省第一建筑工程公司党委书记陈实都等出席仪式，王豪杰、陈实都分别在仪式上讲话。

2000年3月13日，教育部公布了“1999年度经教育部备案或批准的高等学校本科专业名单”，我校建筑系土木工程专业获批正式成立。

2001年4月6日，学院设计的嘉庚楼群竣工典礼在新建的嘉庚广场举行。出席典礼仪式的领导和嘉宾有全国政协副主席张克辉，福建省委书记宋德福，省委副书记、省长习近平，教育部副部长张保庆，福建省政协主席陈明义，省委常委、秘书长黄瑞霖，省委常委、厦门市委书记洪永世，福建省副省长潘心城，福建省副省长、厦门市市长朱亚衍，省政协秘书长陈芸，省教育厅厅长朱之文，校党委书记王豪杰，校长陈传鸿，嘉庚楼群捐建者蔡悦诗、黄保欣、李耕华、钟宝玉、钟宝珠、洪文炳等。副校长朱崇实主持仪式。

2001年11月，校党委任命林东伟为建筑系党总支副书记。

2002年，经学校批准，南光二划拨给建筑系使用。

2003年，通过“全国高等学校建筑学专业教育评估”，获得“建筑学学士”学位授予权。同年，获得“结构工程”硕士学位授权点。

2004年3月，学校批准成立建筑与土木工程学院。凌世德任院长，王绍森、张建霖任副院长。

2004年4月，学校批准成立建筑与土木工程学院土木工程系。

2004年5月,校党委成立中共厦门大学建筑与土木工程学院委员会。同年6月,校党委任命陈和祥为院党委书记,林东伟为党委副书记。

2005年4月,校党委任命黄宇霞为学院党委副书记。

2005年6月,获得建筑与土建学科工程硕士学位授权点,获得建筑学、土木工程、力学3个一级学科硕士学位授权点。

2006年11月,曹春平、李兵入选“福建省高等学校新世纪优秀人才支持计划”。

2006年12月,雷鹰教授入选教育部新世纪优秀人才支持计划。

2007年1月,成立厦门大学建筑与土木工程学院城市规划系,马武定担任首任系主任。同月,成立厦门大学建筑与规划研究所。

2007年5月,建筑学本科通过全国高等学校建筑学专业教育评估复评,建筑学硕士通过全国高等学校建筑学硕士学位研究生教育评估。

2007年9月,胡华、王东东入选“福建省高等学校新世纪优秀人才支持计划”。

2008年1月,学校任命凌世德为建筑与土木工程学院院长,王绍森、雷鹰为副院长。

2008年5月,校党委任命孙理为院党委书记,黄宇霞、黄明伟为院党委副书记。同月,四川发生汶川大地震,张鹏程副教授作为建设部在厦门选派的16名土建类援建专家之一,奔赴四川抗震救灾。

2008年7月,建筑学专业入选2008年度省级第三批本科教育特色专业。同月,新加坡国立大学房地产系朱介鸣受聘为我院双聘教授。

2008年9月,2005级建筑学程旭宇同学被推荐为中华全国学生联合会执行主席,土木工程系刘伟同学被批准为2008年度中国土木工程学会优秀毕业生。

2008年12月,厦门大学与意大利帕维亚大学签署交换博士研究生的国际框架协议。

2009年1月,雷鹰教授受聘为福建省“闽江学者”特聘教授。

2009年2月,教育部批准城市规划专业为5年制专业。

2009年3月,学院选举产生新一届部门工会委员和校第六届教代会代表,朱建民任工会主席。

2009年4月,学院学生在2008 Revit杯大学生建筑设计竞赛中获得三等奖

1 项和优秀奖 8 项。

2009 年 5 月，凌世德教授主持的“建筑学创新人才培养实验区”项目入选 2008 年度福建省本科教育人才培养模式创新实验区项目。

2009 年 6 月，成立厦门大学海峡两岸城市规划研究所。

2009 年 7 月，承办福建省第二届大学生结构设计竞赛，并获得特等奖 1 项、一等奖 1 项、二等奖 1 项。

2009 年 10 月，“上海世博会展馆建筑结构的无线监测与损伤识别”项目在第十一届“挑战杯”全国大学生课外学术科技作品竞赛上海世博会专项竞赛中荣获二等奖。

2009 年 12 月，学院代表队在“第三届全国大学生结构设计竞赛”中荣获二等奖。

2010 年 1 月，学生作品获“中联杯”全国大学生建筑设计方案优秀奖 2 项。

2010 年 2 月，王东东教授入选“2009 年度教育部新世纪优秀人才支持计划”。

2010 年 4 月，张建霖教授土木工程力学教学团队荣获 2010 年度福建省高校省级教学团队。郑晨光同学作品获 2010 上海世博会厦门馆 10 平方空间创意大赛一等奖；张浩煜、陈晓婷、符永鑫、张冠偲等同学共同完成的作品荣获优秀奖。

2010 年 5 月，土木工程系曾林获得第三届中南地区高校土木工程专业结构力学竞赛一等奖。

2010 年 9 月，土木工程系张建霖教授被评为“福建省第六届高等学校教学名师”。学院代表队在“第一届全国 U30 大学生混凝土材料设计大赛”中荣获三等奖，胡红梅教授荣获“优秀指导教师奖”。在 2010 年“Autodesk 杯第九届大学生建筑设计作业评选”中，建筑系学生获得优秀作业奖 3 项。

2010 年 10 月，土木工程系 2010 届本科毕业生张汉杰被授予“中国土木工程学会优秀毕业生”称号。

2010 年 11 月，建筑系学生作品在中外绿色建筑论坛上获得 2010 年全国绿色建筑设计大赛创意奖。学院代表队在 2010 Revit 杯大学生建筑设计竞赛中获得特等奖 1 项、二等奖 1 项、三等奖 1 项、优秀奖 1 项。石建光教授“高层建筑结构设计”获得 2010 年福建省精品课程。

2011年1月,学生作品获得第二届"中联杯"全国大学生建筑设计方案竞赛三等奖1项、优秀奖5项。

2011年3月,2011年公路隧道安全设计与运营管理暨水下隧道建设技术国际会议在厦大举行。王绍森教授入选第一批"福建省工程勘察设计大师"。

2011年4月,中国工程院院士何镜堂,校友、美国工程院院士林幼堃莅临学校主讲南强学术讲座。

2011年5月,建筑学专业本科和硕士研究生教育通过全国专业教育评估复评。

2011年7月,5项学生作品荣获2011海峡两岸建筑新人奖。

2011年10月,建筑系学生作品获UIA国际学生设计竞赛铜奖。第四届土木工程结构创新与可持续性发展国际研讨论坛在我校举行。

2011年12月,王东东教授被国际华人计算力学学会授予"国际华人计算力学学会青年学者奖"。

2012年2月,唐洪流副教授入选厦门市"2011年度十佳建筑师"。

2012年3月,张建霖、张建国、高婧等获得2011年厦门市科技进步奖三等奖。

2012年4月,我院入围中国国际太阳能十项全能竞赛决赛。

2012年5月,成立厦门大学城市规划设计研究院。学院作品荣获"2012年第七届台湾规划系所联合展览"优胜奖2项。在"第三届斯维尔杯全国高校BIM系列软件建筑信息模型大赛"中获得"项目管理与投标"单项全国三等奖、"三维算量与清单计价"和"建设工程VR仿真"2个挑战赛三等奖。

2012年7月,古泉副教授入选2012年度"福建省高等学校新世纪优秀人才支持计划"。

2012年8月,王东东教授获得首批国家优秀青年基金。

2012年9月,荣获2012全国高等学校城市规划专业城市设计课程作业评优二等奖1项、佳作奖2项。

2012年10月,建筑学、土木工程学科被评为"福建省省级重点学科"。王绍森教授入选"当代中国百名建筑师"。2012届毕业生邹超获得2012年度中国土木工程学会高校优秀毕业生奖。

2012年11月,王东东教授荣获"钱令希计算力学青年奖",马武定教授入选

“全省工程勘察设计大师”。

2013年1月，王绍森任院长，雷鹰、李立新任副院长，刘梅任院党委书记。

2013年2月，李立新副教授入选厦门市“2012年度十佳建筑师”。

2013年3月，王明非任建筑系副主任(主持工作)，张燕来任副主任；王东东任土木工程系主任，宋雨任副主任。

2013年4月，土木工程实验教学中心入选福建省“十二五”高等学校实验教学示范中心。

2013年5月，结构工程实验室建成正式启用，映雪楼划归学院正式启用。学院代表队在第四届“全国高等院校学生斯维尔杯BIM系列软件建筑信息模型大赛”中荣获组织奖一等奖、“项目管理与投标”专项全国二等奖、“建筑设计”专项全国三等奖、“结构设计与结构分析”专项全国三等奖、“节能设计与日照分析”挑战赛三等奖、参赛团队全能三等奖。

2013年6月，2013土木工程防灾减灾青年学者学术交流研讨会在我校举行。

2013年7月，建筑学研究生教育创新基地入选福建省研究生教育创新基地。

2013年8月，学院代表队在“‘嘉义厝2013’设计新秀竞图”活动中荣获第一名1项、佳作奖1项。在2013中国国际太阳能十项全能竞赛中获得总分第六名，能量平衡和热水2个单项并列第一、工程技术名列第四、建筑设计单项第五，该成绩在国内参赛高校中仅次于华南理工大学和清华大学。

2013年9月，李立新副教授荣获“厦门市优秀教师”称号。土木工程系2009级本科生林友强同学荣获中国土木工程学会高校优秀毕业生奖。全院教职工大会(教代会)选举产生第一届院教授委员会，凌世德当选为教授委员会主任，王东东、文超祥当选为副主任。

2013年10月，建筑学专业入选教育部第三批卓越工程师教育培养计划。学校发布《关于给予厦门大学中国国际太阳能十项全能竞赛代表队通令嘉奖的决定》。在2013年全国高等学校建筑设计教案和教学成果评选中，获得优秀教案奖1项、优秀作业3项。2013第十三届海峡两岸“大学的校园”学术研讨会在我校举行。学院部门工会换届选举黄宇霞为部门工会主席。

2013年11月，加拿大康考迪亚(Concordia)大学Suong Van Hoa院士来校

主讲南强学术讲座。教育建筑可持续设计专题学术研讨会暨中国建筑学会建筑师分会教育建筑学组四届五次学术年会筹备会在我校召开。

2013年12月,学院办公楼从南光二搬迁到曾呈奎楼。王东东教授被授予“国际华人计算力学学会 Fellow 奖”。学院荣获福建省第七届高等教育教学成果奖厦门大学校级成果奖特等奖1项、二等奖1项。教师作品荣获教育部2013年度优秀勘察设计二等奖1项,2013年度全国优秀工程勘察设计公建类三等奖1项。第20届当代中国建筑创作论坛在我校举行,何镜堂院士等出席。

2014年1月,建筑系助理教授严何博士被评为2013首届“厦门十佳新锐建筑师”。

2014年2月,厦门大学城乡规划设计研究院有限公司正式注册成立,法人代表为文超祥。王东东教授受邀推荐担任第287届中国科协青年科学家论坛执行主席。学院与西班牙巴塞罗那 La Salle 大学建筑学院签署双方合作协议。

2014年3月,学院党员大会选举新一届党委委员。随后,新一届党委选举刘梅为党委书记,黄宇霞、黄明伟为党委副书记。学院“可持续建筑设计创新教学”项目获得福建省第七届高等教育教学成果二等奖。

2014年4月,设立“文化遗产与城市建设”“建筑环境监测及防护”2个二级学科博士点。在“苏博特”杯第三届全国大学生混凝土材料设计大赛中获得团体二等奖1项、团体三等奖1项,优秀指导老师奖1项。在厦门市第四届大学生实体建构竞赛的决赛中,获得一等奖1项、三等奖2项。

2014年5月,在第五届“全国高等院校学生斯维尔杯 BIM 系列软件建筑信息模型大赛”中,获得大赛全能二等奖1项、专项二等奖2项、专项三等奖4项,优秀指导教师奖1项。土木工程专业顺利通过全国专业教育评估。

2014年6月,文超祥教授担任城市规划系系主任。王东东教授获得2014年度福建省杰出青年科学基金资助。学院工程硕士校友会成立。

2014年7月,2014全球建筑大师论坛在厦开幕,院长王绍森教授担任论坛主持人。

2014年8月,城市规划系教授级高级工程师郑灵飞担任城乡规划设计研究院有限公司总经理,张其邦担任副总经理。

2014年9月,英国纽卡斯尔大学 Ella 副校长来访。《高等学校建筑学本科指导性专业规范(2013年版)》宣传贯彻会在我院举行。学生作品在2014世界华人建筑师协会(WACA)“无人岛的未来”大学生建筑设计竞赛中获得优秀奖。

2014年10月,英国纽卡斯尔大学建筑规划与景观学院建筑系系主任Graham Farmer一行来访。在2014全国高等学校城乡规划专业指导委员会年度课程作业竞赛中,荣获三等奖1项、佳作奖1项。文超祥等撰写的论文获2014年度金经昌中国城市规划论文佳作奖。胡红梅教授入选厦门大学2014年“我最喜爱的十位教师”。

2014年11月,德国斯图加特大学建筑规划学院副院长Jocher教授来访。石建光教授参编的国家标准《构筑物抗震鉴定标准》发布。第二届建筑大师论坛在厦门国际会展中心举行,王绍森院长主持论坛。

2014年12月,王东东教授主持的“综合性大学大类招生土木工程专业课程体系改革研究”项目入选福建省省级教学改革研究项目。

2015年1月,中国台湾大学土木工程系主任吕良正教授来访。加拿大卡尔加里大学副教务长Janaka Ruwanpura来访。学院厦门校友会正式成立。

2015年2月6日,土木工程系赵睿鸣等在美国大学生数学建模大赛(MCM)中荣获三等奖。

2015年3月,西班牙La Salle大学建筑学院院长Robert教授来访我院。第三届全球建筑师论坛成功举行,王绍森教授担任论坛主持人。

2015年4月,英国纽卡斯尔大学副校长Richard Davies来访。厦门大学·中国中元国际工程有限公司共建卓越工程师实践教育中心签约暨授牌仪式在我校举行。厦门大学建筑与土木工程学院·CCDI悉地国际战略协作签约仪式在厦门市规划展览馆多功能厅举行。学院福州校友会成立。

2015年5月,英国纽卡斯尔大学艺术学院院长Peter教授一行来校与学院开展一周的研讨会和调研。在第六届全国中、高等院校学生“斯维尔杯”建筑信息模型(BIM)应用技能大赛南、北方赛区总决赛中,我校代表队荣获全能二等奖1项、全能三等奖1项、专项二等奖8项和专项三等奖2项。福建省首届建筑规划土木研究生(大学生)论坛暨第五届土建类研究生学术交流论坛在学院举办。学院代表队在厦门市第五届大学生实体建构竞赛决赛中获得一等奖,在“华巨中国杯”福建省第八届大学生结构设计竞赛中荣获二等奖1项、三等奖1项。建筑学专业第四次通过全国专业教育评估。

2015年6月,学院部门工会荣获厦门市“工会工作先进集体”。中国建筑学会工程管理分会青年委员会学术年会在学院举行。厦门大学城乡规划研究院有限公司被厦门市规划委员会授予乙级城乡规划编制资质证书。第四届全球建筑大师论坛在国际会议中心音乐厅举行，王绍森教授担任论坛主持人。德国斯图加特专家彼得·迪策(Peter Dietze)先生来校讲授短期课程“德国城市规划理论与实践”。中国台湾金门大学都市计划与景观系系主任庄翰华教授一行37名师生来我院交流。第六届海峡建筑新人奖评选揭晓，我院获佳作奖3项。

2015年7月，新西兰惠灵顿维多利亚大学建筑学院Martin Bryant教授到我院进行联合教学。王量量助理教授荣获新加坡国立大学世界未来基金会优秀博士论文奖。

2015年8月，在“TEAM20两岸建筑与城市规划新人奖”中，我院代表队荣获规划组第2名，建筑组第4名，“永续发展”评委会特别奖。第六届(2015)两岸四地高校师生土木工程监测与控制研讨会在我校举行。

2015年9月，德国特里尔应用科技大学设计学院院长Matthias Sieveke教授一行来我院访问。学生作品在全国城乡规划专指委年会上荣获“课程作业评优”三等奖1项、佳作奖2项，“城乡社会综合实践调研报告课程作业”三等奖1项、佳作奖1项。

2015年10月，学院代表队荣获2015年“云南建工杯”第九届全国大学生结构设计竞赛二等奖。第24届全国结构工程学术会议在我校举行，学院论文分获中青年优秀论文一、二等奖各1篇。

2015年11月，纽卡斯尔大学国际处处长John Terry等一行3人来访。国家级教学名师、天津大学建筑学院教授王其亨主讲南强学术讲座。王波副教授被选派赴尼日利亚担任纳姆迪·阿齐克韦大学孔子学院院长，任期2年。

2015年12月，土木工程系2015届本科毕业生葛鹏同学荣获2015年度中国土木工程学会高校优秀毕业生奖。无网格法与粒子类方法专题研讨会在学院举行。新形势下的城乡规划学科发展和专业教育研讨会在学院举行。在第四届“中联杯”大学生建筑设计国际竞赛中荣获三等奖1项、优秀奖10项。都市·乡愁“TEAM20两岸建筑与规划新人奖”优秀作品巡展暨海峡两岸都市更新与“新乡村”发展论坛在学院举行。

2016年1月，学院举行中外经典建筑模型展示厅揭牌仪式。德国特里尔大学校长特派员弗兰兹·克鲁格(Franz Kluge)教授来访。

2016年2月，学院4篇硕士学位论文入选2015年福建省研究生优秀学位论文。教育部批准设置工程管理专业。中国台湾新竹交通大学土木工程系系主任曾仁杰教授来访。厦门大学—新加坡南洋理工大学—同济大学"城市与建筑遗产"专题设计研究营厦门站开营。

2016年3月，第六届全球建筑大师论坛在厦开幕，王绍森教授担任主持人。工民建专业93级校友马亚军捐赠100万元设立"厦门大学-中建环球科创基金"捐赠仪式举行，首期到账30万元。美国工程院院士阿尔佛雷德·昂(Alfred H-S. Ang)教授来校做讲座。

2016年4月，德国特里尔大学校长米歇尔·耶克尔(Michael Jäckel)来访。6位85周岁以上老校友陶树刚、檀华芬、纪华盛、邱建平、吴森、陈振苍来校参加95周年校庆活动。中国工程院院士王建国、程泰宁、崔愷，中国城市规划设计研究院副院长杨保军来校主讲南强学术讲座。意大利米兰理工大学建筑与城市研究系副教授朱塞佩·贝特兰多·博凡蒂尼(Giuseppe Bertrando Bonfantini)来校访问开展系列讲座。英国卡迪夫大学地理与规划学院院长保罗·密尔本(Paul Milbourne)教授一行3人来访。

2016年5月，雷鹰教授的文章"Structural Damage Detection With Limited Input and Output Measurement Signals"成为ESI高被引论文。学院团委书记刘建敏荣获第八届"全国高校辅导员年度人物"提名奖。第七届全球建筑大师论坛在厦门举行，王绍森教授担任主持人。厦门大学-辛辛那提大学中美青年城市可持续发展研讨会在学院举行。"中国古建筑丛书"首发式暨研讨会在北京举行，戴志坚教授担任"中国古建筑丛书"总主编，《福建古建筑》主编。

2016年6月，学院代表队在2016年度"广东省规划院杯"6+1联合毕业设计竞赛中荣获一等奖。在第七届全国中、高等院校学生"斯维尔杯"建筑信息模型(BIM)应用技能大赛总决赛中，学院代表队荣获工程管理、工程设计2个专项一等奖，1项全能二等奖。雷鹰教授入选"福建省第二批科技创新领军人才"。

2016年7月，黄宇霞被评为福建省高校"优秀党务工作者"。7名研究生在第七届(2016)两岸四地高校师生土木工程监测与控制研讨会上荣获6项优秀论文奖。学院与布列塔尼建筑学院开展联合设计营工作。厦门大学-麻省理工学院联合暑期夏令营在我校举行。在"苏博特"杯第四届全国大学生混凝土材料设计大赛中获得团体一等奖1项、团体二等奖1项，优秀指导教师奖1项。

2016 年 8 月，第十五届现代数学和力学学术会议在我校举行。

2016 年 9 月，举办民宿客栈与地产创新两岸研讨会。台风“莫兰蒂”给学校造成重大损失。

2016 年 10 月，厦大校园灾后林木“重生”作品展在厦门大学三家村举行。中建海峡建设发展有限公司向学院捐赠 3 万元人民币，设立“中建海峡助学金”。在第十届全国大学生结构设计竞赛中荣获二等奖 1 项、优秀组织奖 1 项。在建筑教育国际学术研讨会暨全国高等学校建筑学专业院长系主任大会、全国高等学校建筑学科专业指导委员会年会上，学院选送的 3 份建筑设计教案全部获评为优秀教案，6 份学生作业全部获评为优秀作业。

2016 年 11 月，斯图加特大学—厦门大学—特里尔应用科技大学 2016 中德工作营(Sino-German Workshop 2016)在我校举行。第十八届华东固体力学学术会议在学校召开。戴志坚教授被评为“中国民居建筑大师”。李渊副教授在探索与超越・2016 高校 GIS 论坛上荣获“高校 GIS 新锐”奖。BIM 虚拟仿真实验教学中心获批省级虚拟仿真实验教学中心。中国城市规划学会城乡治理与政策研究学术委员会 2016 年学术年会在学院举行。

2017 年 1 月，厦门大学-海沧青礁院前社乡村营建校外实践教育基地正式挂牌。厦门大学—北京建谊投资发展(集团)有限公司—香港图软亚洲有限公司北京代表处战略合作框架协议签约仪式在学院举行。

2017 年 3 月，第八届全球建筑大师论坛在厦门国际会展中心国际会议厅开讲，王绍森教授担任主持人。学生作品荣获 2016 年度 UA 创作奖・概念设计国际竞赛二等奖。

2017 年 5 月，8 篇硕士学位论文入选福建省优秀硕士学位论文。学院代表队在福建省第十届大学生结构设计竞赛中荣获特等奖 1 项、 等奖 1 项。

2017 年 6 月，学校任命王绍森为建筑与土木工程学院院长，李立新、王东东、文超祥为副院长。城乡规划专业顺利通过全国专业教育评估。学院代表队在“维盛杯”第三届全国研究生智慧城市技术与创意设计大赛中荣获二等奖、三等奖和优秀组织奖。2017“软科世界一流学科排名”发布，土木工程专业排名为世界前 151—200 名。

2017 年 7 月，新西兰惠灵顿维多利亚大学校长 Grant Guilford 教授一行 3 人来访。澳大利亚新西兰建筑科学委员会主席、新西兰惠灵顿维多利亚大学建筑与设计学院院长马傲林教授来校主讲系列学术讲座。海峡两岸四校联合教学评图交流暨“乡村复兴与建筑教育”学术沙龙在学院举行。2005 级校友董雷霆入选 2017 福布斯中国 30 位 30 岁以下精英榜名单。

2017 年 8 月,依托我院的厦门市交通基础设施智能管养工程技术研究中心被确认为市级工程技术研究中心。学院代表队在中国研究生智慧城市技术与创意设计大赛中荣获优胜奖,在 2017 国际高校建造大赛中荣获优秀奖。

2017 年 9 月,学院代表队在 2017 谷雨杯全国大学生可持续建筑设计竞赛中荣获二等奖 1 项、三等奖 1 项、优秀奖 1 项,学校组织奖 1 项。学院承办 2017 年全国高等学校建筑设计优秀教案和教学成果评选活动。

2017 年 10 月,副教授张燕来主持的“数字化介入的研究生建筑设计课程教学改革”项目入选福建省 2017 年本科高校教育教学改革研究项目。世茂集团向学院捐赠 60 万设立厦门大学-世茂“匠心中国”教育基金。学院代表队在2017 年第十一届全国大学生结构设计竞赛中荣获三等奖。空间信息技术在文化遗产保护研究中的应用国家文物局重点科研基地(清华大学)厦门工作站(厦门大学)成立。校党委任命王绍森为学院党委副书记。

2017 年 11 月,李少泉教授主讲的“混凝土结构设计原理”、邓显渝助理教授主讲的“建筑构造(一)”入选厦门大学 2017—2018 学年第一学期本科教学示范岗。吴新烨副教授荣获厦门大学第十二届青年教师教学技能比赛一等奖和最佳教案奖。

2017 年 12 月,2017 年“中国离散系统仿真技术及其应用学术年会暨 2017 仿真与建设工程应用”全国研讨会在学院举办。王波副教授担任院长的尼日利亚纳迪姆·阿齐克韦大学孔子学院在全国第十二届孔子学院大会上被评为 2017 年度“先进孔子学院”,该院还荣获 2017 年度 HSK 考试全球优秀孔院。学院 TEAM JIA+团队在第二届“金雨燕”奖装配式建筑优秀作品评选暨冷弯薄壁轻钢建筑成果评选中荣获最佳设计奖。建筑与土木工程学院 30 周年院庆大会在科学艺术中心报告厅隆重举行。

2018 年 1 月,学院分工会被评为“福建省教科文卫体系统模范教工小家”。校党委任命王瑛慧、黄俊清为学院党委副书记。李立新副教授负责的项目“基于数字技术的建筑师培养体系研究与实践”入选“国家级新工科研究与实践项目”。

2018 年 2 月,王东东教授入选福建省科技创新领军人才。学校发文成立厦门大学湾区(大鹏)规划与发展研究中心。

2018年3月,第九届全球建筑大师论坛举行,院长王绍森担任主持。学校发文任命系级领导班子,张燕来任建筑系副主任(主持工作),石峰、刘姝宇任建筑系副主任;古泉任土木工程系主任,高婧、张建国任副主任;杨哲任城市规划系副主任(主持工作)。新西兰惠灵顿维多利亚大学日在我校举行,该校建筑与设计学院院长马傲林来访。

2018年4月,学院5篇硕士学位论文入选2017年福建省优秀硕士学位论文。全国高等教育土木工程专业评估(认证)委员会专家组对我校土木工程专业进行了工程教育认证现场考察。

2018年5月,日本北海道大学校长名和丰春(Toyoharu Nawa)教授一行来访。学院党员大会选举产生新一届委员会。"知行合一理念下的乡村营建教学创新改革"荣获2018年高等教育省级教学成果奖二等奖。2018年厦门市智慧建筑技术论坛在曾呈奎楼举行。

2018年6月,学院代表队在2018年度"南粤杯"六校联合毕业设计竞赛中获得一等奖。学校批复同意学院党委换届选举结果,王东东、王绍森、王瑛慧(女)、文超祥、刘姝宇(女)、刘梅(女)、李立新、黄俊清、雷鹰为委员,王绍森、王瑛慧、黄俊清为副书记,刘梅为书记。

2018年7月,学院代表队在悉尼大学举行的概念性国际竞赛中荣获第三名和佳作奖,在"苏博特"杯第五届全国大学生混凝土材料设计大赛中,获得团体二等奖和团体三等奖,优秀指导教师奖,在TEAM20建筑与规划新人奖(TEAM20 Architecture & Urban Planning Competition)中荣获优等奖。

2018年8月,学院代表队在2018中国国际太阳能十项全能竞赛中荣获总分第3名,宣传推广第3名、市场营销第4名、工程技术第4名。在第五届中国研究生智慧城市技术与创意设计大赛中获得三等奖。在"网龙杯"第四届福建省"互联网+"大学生创新创业大赛中获得银奖。王东东教授荣获国际华人计算力学钱令希计算力学奖。"专业学位硕士校企联合培养模式的探索与实践"项目入选福建省研究生教育教学改革项目。

2018年9月,学院代表队在2018年全国高等学校城乡规划教育年会各类竞赛中荣获6项三等奖、2项佳作奖。城乡规划专业毕业设计教学改革研讨会在学院举行。"普利兹克建筑奖"获得者拉斐尔·阿兰达(Rafael Aranda)在学院主讲"本土建筑实践之路"学术报告。

2018年10月,李立新副教授主持的2018教育部产学合作协同育人项目"基于BIM技术多专业协同的新工科建筑师培养体系的研究与实践"获教育部立项。

2018年11月,助理教授李芝也荣获厦门大学第十三届青年教师教学技能比赛理工医组一等奖,常玮荣获二等奖,李渊荣获厦门大学第三届翻转课堂教学比赛一等奖。阿姆农·雷赫特莅临学院主讲南强学术讲座。学院工会会员大会选举产生第四届学院工会委员会,选举王瑛慧为学院工会主席。在2018《中国建筑教育》·"清润奖"大学生论文竞赛荣获三等奖1项、优秀奖1项。

2018年12月,"土木工程数值仿真"导师团队获批为省级硕士生导师团队。学院主办的"振兴乡村"之福林村乡村的传承与振兴论坛在福林村举行。学院承担保护与发展规划的云山村入选第五批中国传统村落名录,福林村入选第七批中国历史文化名村。

2019年1月,雷鹰教授入选厦门大学2018年科技英才榜。邱鲤鲤等合作的论文在首届全国大学生创新创业实践联盟年会暨第二届双创实践新技术高峰论坛上荣获优秀论文二等奖。"正逆向BIM工程在勘察设计与施工中的融合应用"交流暨"BIM数字化应用联合实验室"合作协议签约仪式在学院举行。

2019年2月,赵燕菁教授被中国城市科学研究会推荐为中国工程院院士候选人。全国建筑学专业8+联合毕业设计开题调研在学校举行。

2019年3月,学院协办的第十届全球建筑大师论坛在厦门会展中心举行,院长王绍森担任主持人。学院代表队在2018首届绿建大会国际可持续(绿色)建筑设计竞赛中荣获铜奖。全国高等教育土木工程专业评估委员会通知,土木工程专业顺利通过工程教育专业认证。

2019年4月,学校发布《关于给予TEAM JIA+团队通令嘉奖的决定》,给予TEAM JIA+团队通令嘉奖。校长张荣代表厦门大学签订《关于"海上丝绸之路沿线城乡聚落文化遗产保护与价值提升"的合作备忘录》。中国工程院公布2019年院士增选有效候选人名单,赵燕菁教授入选土木、水利与建筑工程学部有效候选人。

2019年5月,建筑学专业本科(五年制)和硕士通过全国专业教育评估,均被评为优秀。李渊教授获得2018年文化和旅游部优秀研究成果(旅游类)专著类二等奖。王绍森教授荣获“中国建筑设计奖·建筑教育奖”。学院代表队荣获2019年度“南粤杯”六校联合毕业设计竞赛一等奖。2019“名城四校”建筑学专业联合毕业设计在厦大举行。张若曦任城市规划系副主任。

2019年6月，5篇硕士学位论文入选省优秀硕士学位论文。2019全国建筑学专业8+联合毕业设计暨鼓浪屿计划——作为世界文化遗产的“历史国际社区”更新论坛在厦大举行。厦门市文化遗产数字化保护与应用重点实验室(筹)第一次学术委员会在学院举行。建筑学、土木工程、城乡规划专业入选福建省一流本科专业建设计划。学院主办的“开放与融合”第八届城市建筑文化论坛在厦大举行。

2019年7月，李渊教授负责的“空间分析与行为视角下建筑设计虚拟仿真实验教学项目”入选2019年省级虚拟仿真实验教学项目。王绍森团队荣获2019年度教育部优秀工程勘察设计二等奖1项，李立新团队荣获2019年度教育部优秀工程勘察设计三等奖2项。学院代表队在2019国际竹建筑设计大赛中获得荣誉奖3项。学院主办“合诚杯”福建省第十二届大学生结构设计竞赛，学院4支参赛队伍分获特等奖，一、二、三等奖。

2019年8月，我院代表队在“交通银行杯”第六届中国研究生智慧城市技术与创意设计大赛中荣获一等奖2项、三等奖1项、先进组织奖1项。“数字乡建·信息服务平台振兴美丽乡村”项目在“网龙杯”第五届福建省“互联网+”大学生创新创业大赛中荣获金奖及乡村振兴奖，入围国赛。王绍森教授团队荣获福建省“第十四届优秀建筑创作奖”一等奖1项、二等奖2项，“2018年度十佳住宅设计方案奖”1项；助理教授林育欣团队荣获三等奖1项。

2019年9月，在2019年谷雨杯全国大学生可持续建筑设计竞赛中学院有6件作品荣获优秀奖，我校荣获组织三等奖。李立新副教授入选厦门大学2019年“我最喜爱的十位老师”。

2019年10月，学院代表队在2019年第十三届全国大学生结构设计竞赛中获得三等奖。“城市与建筑文化遗产数字化保护及应用团队”和土木工程系申报的“土木工程基础设施智能建设与管养团队”入选2019年省级专业学位研究生导师团队。雷鹰教授(第二获奖人)荣获2018年度福建省科学技术进步二等奖。学生论文在2019《中国建筑教育》·“清润奖”大学生论文竞赛中荣获优秀论文奖。英国纽卡斯尔大学人文与社会学部副部长 Jonathan Galloway 一行来访。

2019年11月，我院自主设计的展厅正式亮相第十二届文博会，学院展出41件作品。助理教授李芝也荣获第五届福建省高校青年教师教学竞赛二等奖，获得“福建省高校青年教学新秀”荣誉称号。学院承办的2019建筑与文化学术讨论会在我校举行。学院工会会员大会选举产生出席厦门大学工会第二十三次会员代表大会代表。学院主办的“新乡村主义2.0”厦门大学第五届新乡村发展论坛在学院举行。副教授张建国荣获“2019年中国力学学会全国徐芝纶力学优秀教师奖”。

2019年12月，李渊教授（排名第六）参与的项目“大数据环境下高精度道路地图众包测绘与动态更新技术”获得教育部科技进步一等奖。王绍森教授团队荣获全国2019年度工程勘察、建筑设计行业和市政公用工程优秀勘察设计奖三等奖。在2019年度全国高等院校大学生乡村规划方案竞赛中，学院作品荣获二等奖（一等奖空缺）。杨哲副教授“规划认识实习”课程入选国家级社会实践一流课程推荐名单。曹春平副教授专著《闽南传统建筑》获第七届中华优秀出版物（图书）奖。学院主办2019闽浙木拱廊桥全国高校巡回展（厦门站）在曾呈奎楼举行。许旺土副教授论文“The implications of high-speed rail for Chinese cities: Connectivity and accessibility”（高速铁路对中国城市的影响：基于可达性和连通性的视角）荣获福建省第十三届社会科学优秀成果论文类三等奖。

2020年1月，新型冠状病毒肺炎（corona virus disease 2019，COVID-19）疫情在武汉全面爆发，全国各地启动重大突发公共卫生事件一级响应，学院每天上报疫情防控情况，师生无一感染。

2020年2月，福建省调整为疫情防控省级二级响应和三级响应，生产生活逐步恢复，学校延期开学，学生未经批准不得私自返回学校，授课实行网络教学，部分党员参与到社区和学校的疫情防控志愿服务工作。校长张荣，副校长江云宝，党委副书记、纪委书记全海等分别到学院调研疫情防控情况。同月，学院2个项目荣获2019年度省级优秀规划设计奖一等奖。

2020年3月，校党委任命王绍森为学院党委书记，刘梅因退休免去学院党委书记职务。基于疫情，学校继续实行网络教学。

2020年4月，基于疫情，学校继续实行网络教学，99周年校庆活动通过视频举行，为学校第一次“云校庆”。学院共3个团队获得厦门大学2019年度通报表扬，分别是2019年研究生智慧城市一等奖团队BOX-TEAM团队（指导教师：石峰老师)、银发护卫队(指导教师:张若曦、张乐敏老师)、2019年度全国高等院校大学生乡村规划方案竞赛多元协同柚导共生团队(指导教师:王量量、镇列评)。

2020年5月,爱思唯尔(Elsevier)正式发布2019年中国高被引学者(Chinese Most Cited Researchers)榜单,本次国内共有2163位学者入选。王东东教授上榜,是厦门大学24位上榜学者之一,是全国14位计算力学上榜学者之一。王东东负责的“材料力学”、孙明宇负责的“设计基础(一)”、张燕来负责的“设计基础(二)”、张若曦负责的“社区规划”、古泉负责的“数值分析”、张灿辉负责的“理论力学”、常玮负责的“城市设计”、林育欣负责的“建构设计专题”、林小如负责的“城市规划快题设计”、薛昕负责的“结构设计原理(桥梁方向)”、金海负责的“流体力学”共11门课程入选2020年厦门大学一流本科课程建设计划。吴新烨的“工程制图”课程入选2020年度厦门大学“课程思政”示范课程。

2020年6月,学院代表队在2020年度“南粤杯”六校联合毕业设计竞赛中荣获二等奖,在2020年全国高校建筑学专业8+联合毕业设计中荣获最佳设计奖。学院4篇硕士学位论文入选福建省优秀硕士学位论文。

2020年7月,文超祥负责的“面向实施的国土空间规划教学改革”项目、石峰负责的“基于实践性教学的绿色建筑课程体系改革”项目入选2020年厦门大学教学改革研究项目,张燕来负责的“基于学科交叉理念的‘现代建筑专题研究’课程改革”项目、陈东霞负责的“专业学位研究生地基处理课程的项目化教学改革与实践”项目入选2020年厦门大学(研究生)教学改革研究项目。

2020年8月,福建省土木建筑学会发布《关于公布“第十五届优秀建筑创作奖”暨“2019年度十佳住宅设计方案”获奖名单的通知》,学院申报的2个项目均获得二等奖,分别为建筑与土木工程学院建筑系设计项目“若园·厦门、唐侍御薛令之墓园”(项目主要完成人员有王绍森、陈宏、孙玲潇、徐一晴、雷雯)和“航空城市·徐州航空学院暨国际学校”(项目主要完成人员有王绍森、陈宏、孙玲潇、徐一晴、雷雯、戴建、王长庆、杨华刚)。

2020年9月,“综合性大学工程教育专业认证的培养体系构建与实践”项目、“基于数字技术的建筑师培养体系研究与实践”项目荣获厦门大学第十届高等教育教学成果一等奖。许旺土(第二作者)参与完成的“智慧公交管理服务平台关键技术研发与推广应用”荣获2019年福建省科技进步奖二等奖。在2020第十四届“谷雨杯”全国大学生可持续建筑设计竞赛中,我院荣获三等奖3项、优秀奖1项、入围奖3项，厦门大学荣获“学校组织一等奖”。王绍森教授主持的“新时代建筑学综合性人才培养模式研究与实践”、李渊教授主持的“基于翻转课堂的建筑类新工科人才培养教学方法创新与实践”、张建国副教授主持的“综合性大学智能土木工程专业的建设与实践”、邱鲤鲤工程师主持的“新工科牵引下的‘一核双翼三阶’模式新城市科学实验教学探索与实践”入选厦门大学第二批新工科研究与实践项目。

2020年10月，在2020“梦和杯”《未来社区》创新设计竞赛中，学院作品《未来社区·智享生活》荣获三等奖。李渊教授负责的“城乡规划新技术GIS应用”入选教育部首批国家级一流本科课程。

2020年11月，孙明宇荣获厦门大学第十五届青年教师教学技能比赛理论理工医科组一等奖，邱鲤鲤荣获实验组一等奖、最佳教案奖，学院荣获组织奖。

资料来源：

[1]徐文才. 98年前他们在上海筹备厦门大学的建校[EB/OL].(2018-07-18)[2020-03-20]. https://alumni.xmu.edu.cn/info/1020/2066.htm.

[2]洪永宏.厦门大学校史：第1卷[M].厦门：厦门大学出版社，1990.

[3]陈嘉庚.南侨回忆录[M].上海：上海三联书店，2014.

[4]佘峥，李静.逆境办学 光芒耀眼 八年岁月 精神传承[N].厦门日报，2017-12-22(5).

[5]石慧霞.萨本栋传：民族危机中的大学校长[M].厦门：厦门大学出版社，2015.

[6]官鸣. 厦门大学与长汀县的校地情缘[N].厦门大学报，2020-04-03(7).

[7]王豪杰.南强记忆：老厦大的故事[M].厦门：厦门大学出版社，2009.

[8] 朱邦芬.一位“中国的脊梁”和“万人敌”[M]//陈华，许乔蓁.丰碑——萨本栋校长铜像落成纪念文集.厦门：厦门大学出版社，2013.

[9] 苏林华.长汀岁月与萨本栋精神[M]//陈武元.萨本栋博士百年诞辰纪念文集.厦门：厦门大学出版社，2004.

[10] 李广信.我的土力学生涯[EB/OL]，(2019-05-18)[2020-05-10]. http://electrokinetic.cn/? p=494.

[11] 何宜慈.永怀恩师萨公本栋校长[M]//陈武元.萨本栋博士百年诞辰纪

念文集.厦门:厦门大学出版社,2004.

[12] 他们是台湾光复后的重建基石——解密1945—1949年厦大校友赴台始末[J].台海杂志,2019年4月8日.

[13] 厦门大学档案馆,厦门大学校史研究室编.厦门大学校史:第2卷[M].厦门:厦门大学出版社,2006.

[14] 黄仁.过程与发展——写在厦大建筑系创办20周年之际[Z].厦门大学建筑与土木工程学院建筑设计研究院20周年.

[15] 李立新.强调内涵式发展 推动专业建设再上一台阶[Z].厦门大学建筑与土木工程学院务虚会,2019年2月.

[16] 石峰. SD中国国际太阳能十项全能竞赛参赛申请[Z].厦门大学建筑与土木工程学院办公室资料,2011年12月.

[17] 国务院.关于印发《统筹推进世界一流大学和一流学科建设总体方案》的通知[EB/OL](2015-10-24)[2015-11-09]. https://wenku.baidu.com/view/1fd1fc29d0233d4b14e69e3.html.

[18] 陈浪,郑莉,赖炜芳,等.众志成城 共担风雨——厦门大学师生防抗台风“莫兰蒂”纪实[N].厦门大学新闻网,2016-09-15.

[19] 中共厦门大学委员会党史编委会.中国共产党厦门大学组织史简编[M].厦门:厦门大学出版社,1996.

[20] 习近平主持召开学校思想政治理论课教师座谈会[EB/OL].(2019-03-18)[2020-05-20]. https://baijiahao.com/s? id=1628347132723154943&wfr=spider&for=pc.

[21]庄景辉.厦门大学嘉庚建筑[M].厦门:厦门大学出版社,2011.

[22]井琪,崔宪涛.传承和弘扬中华优秀传统文化——学习习近平总书记系列重要讲话体会之九十[J].前线,2015(7):43-46.

[23]厦门大学报刊馆(网络):网址 https://webvpn.xmu.edu.cn/https/77726476706e69737468656265737421fcfe43d23f3d7d1e7b0c9ce29b5b/journals/.

[24]王绍森.“新闽南”建筑实践—厦门大学建筑与土木工程学院教师优秀作品集(1987—2017)[M].厦门:厦门大学出版社,2018.

[25]厦门大学建筑与土木工程学院办公室工作资料.